网络嵌入性对企业研发投入的影响机理研究

蔡猷花 著

国家社会科学基金项目"网络嵌入性对企业研发投入的影响机理及对策研究"成果（项目编号：18BGL121）

科 学 出 版 社
北 京

内 容 简 介

本书结合社会网络、企业技术创新等相关理论，首先，运用博弈分析方法针对创新网络内企业间合作开发新产品及竞争开发新产品两种情形分别构建博弈模型，深入分析网络中心度、结构洞、网络主体数量及网络关系稳定性等变量对参与主体研发投入的影响。其次，运用实证方法从集群创新网络及产业网络两个角度考察网络嵌入对企业研发投入的影响。再次，从企业自我中心网络稳定性和扩张性两种动态演化特征出发，通过实证方法分析网络演化特征与企业研发投入的关系。最后，采用定性比较分析方法研究网络关系嵌入性、网络结构嵌入性和其他各变量的组合对企业研发投入及双元创新所产生的联动效应。

本书适合管理科学与工程、工商管理、应用经济专业高年级本科生、研究生和教学科研人员阅读，也可供政府科技管理部门及相关专业人士参考。

图书在版编目（CIP）数据

网络嵌入性对企业研发投入的影响机理研究 / 蔡猷花著. —北京：科学出版社，2023.8
ISBN 978-7-03-071627-9

Ⅰ. ①网… Ⅱ. ①蔡… Ⅲ. ①互联网络-影响-企业-技术开发-研究 Ⅳ. ①F273.1

中国版本图书馆 CIP 数据核字（2022）第 032285 号

责任编辑：邓　娟 / 责任校对：王晓茜
责任印制：张　伟 / 封面设计：无极书装

科 学 出 版 社 出版
北京东黄城根北街 16 号
邮政编码：100717
http://www.sciencep.com
北京盛通商印快线网络科技有限公司　印刷
科学出版社发行　各地新华书店经销

*

2023 年 8 月第 一 版　开本：720×1000　1/16
2023 年 8 月第一次印刷　印张：11 1/4
字数：230 000

定价：120.00 元
（如有印装质量问题，我社负责调换）

前　言

党的十九大报告提出，创新是引领发展的第一动力，是建设现代化经济体系的战略支撑（习近平，2017）。研发投入是自主创新的源泉，是企业在日益加剧的市场竞争中保持持续发展能力的基础，然而，研发投入具有高风险、高成本和高复杂性，研发投资决策因而成为企业基于长短期利益综合考虑做出的关键投资决策之一。深入研究企业研发投入的影响因素及其作用机理，直接关系到有效激励企业创新及实施创新驱动战略的问题，具有重要的理论和现实意义。

网络嵌入理论认为，企业创新不能独立于社会环境之外，而是嵌入所处社会网络之中，受到组织间相互社会关系的影响。作为创新的关键环节，研发活动也受到网络嵌入的影响：从研发信息资源的角度来看，网络中汇聚创新资源，企业间通过网络实现资源优化配置与协同，占据核心位置的企业往往具有较宽阔的视野，能够更好地了解竞争对手的优劣势、研发的风险、项目的可行性和成长性，从而拥有支持研发决策的信息资源优势；从网络地位的角度来看，企业网络地位的差异会带来不同的研发决策话语权。占据核心地位的强势企业具有控制优势，能够快速筛选合作伙伴、规避一定的研发投资风险，可以选择收益较高的项目进行研发投入，而弱势企业则缺乏与强势企业谈判的砝码，从而在研发投入方面受制于强势企业。为了保持领导力，强势企业需要通过研发活动不断积累知识资源；为了适应、跟随强势企业的技术方向，弱势企业需要针对特定技术开展研发以更好地配合强势企业的技术进步。弱势企业实现地位扭转的根源是创新能力的提升，因此，也需要在技术引进的同时加强研发，构架有效的自主研发保障体系。由此，我们有理由期待，企业外部网络联系对企业研发投资决策具有重要影响。

以企业所嵌入的各类网络为出发点，探究企业的网络嵌入性对研发投入的影响，所得结论将丰富企业创新动力和研发投入的研究成果，为从网络这一中观角度研究研发投入的影响机制提供理论依据；揭示不同网络主体研发投入行为相互影响、相互制约的机理，将为完善技术创新的网络联盟管理提供相应的理论依托和管理启示，也为如何促进企业研发投入提供一个有价值的思路。

本书以企业所嵌入的网络对企业研发投入的影响为研究的切入点，阐释网络结构、网络关系及网络演化状态对企业研发投入的作用机理，探讨网络环境下不同要素间的联结关系作用于企业研发投入的规律，据此提出引导企业加大研发投入的对策建议。

本书的第一篇包括第 1 章至第 4 章，对网络嵌入影响企业研发投入进行理论分析。第 1 章回顾了相关的理论，为接下来的研究提供理论支撑。第 2 章开展创新网络嵌入视角下企业研发竞争的博弈研究。基于创新网络嵌入的背景，构建同一创新网络内两个企业间的博弈模型，针对不同网络位置企业竞争博弈和相同网络位置企业竞争博弈两种情形，探究在研发竞争状态下企业研发投入受网络地位、网络关系的影响机制。第 3 章开展网络嵌入下企业合作研发的博弈分析。针对相同网络位置企业合作研发和不同网络位置企业合作研发两种情形，分别构建技术创新网络内部企业合作研发博弈模型，分析网络结构指标及网络关系指标对企业合作研发投入的影响。第 4 章在考虑网络位置的前提下对企业研发竞争的博弈进行分析。基于技术创新网络嵌入的背景，针对网络中心度位置和网络结构洞位置两种情形分别构建同一创新网络内企业间研发竞争的博弈模型，通过模型求解及数值模拟分析网络位置不同指标的变化对企业研发投入的影响。

本书的第二篇包括第 5 章和第 6 章，对网络嵌入影响企业研发投入开展实证研究。第 5 章基于新能源汽车产业网络的相关数据，以网络位置、组织冗余与企业研发投入为主要研究变量，采用层次回归分析方法深入分析网络中心度和结构洞对企业研发投入的影响、组织冗余对企业研发的作用以及组织冗余如何调节中心度与研发投入之间的关系。第 6 章基于汽车制造业专利合作网络相关数据，以网络中心度、结构洞、企业研发投入、创新开放度为主要研究变量，利用层次回归方法分析网络中心度和结构洞对企业研发投入的作用、创新开放度对企业研发投入的作用以及创新开放度如何调节中心度、结构洞与研发投入之间的关系。

本书的第三篇包括第 7 章至第 9 章，研究网络演化与企业研发投入的关系。第 7 章研究计算机、通信和其他电子设备制造业（ICT 行业）技术创新网络演化的特征。基于联合申请专利信息，构建 ICT 行业技术创新网络，对比网络规模、密度、集聚系数等多项特征指标分析网络演化趋势。第 8 章基于福建省产学研专利合作的数据，运用社会网络分析方法分析福建省产学研专利合作网络的中心性、结构洞、小世界等结构特征及探究该网络的动态演变趋势。第 9 章研究技术创新网络演化与研发投入的关系。以 A 股 ICT 行业企业为研究对象，从联合申请专利数据出发，对比样本企业技术创新合作关系的逐年动态变化情况，构建企业自我中心网络演化指标，计算企业所处技术创新网络的中心度和结构洞位置指标，运用实证方法探究企业自我中心网络演化、技术创新整体网络的位置和企业合作创新投入间的关系。

本书的第四篇包括第 10 章和第 11 章,分别研究企业研发投入、技术创新的多因素组态效应。第 10 章研究高新技术企业研发投入的多重并发因果关系,采用定性比较分析方法研究多变量组合对企业研发投入所产生的联动效应。该章基于高管团队决策的视角,整合微观、中观和宏观这三个层面的六个前因条件,通过运用组态思维和定性比较分析方法对高新技术企业的数据进行分析,总结出高新技术企业高研发投入的多类因果复杂机制。第 11 章研究知识网络嵌入情境如何激活企业双元创新。该章基于外部网络环境视角,运用集合论思想系统分析网络化创新环境下网络嵌入、知识资源管理和组织惯例对企业双元创新的复杂作用,结合问卷数据采用定性比较分析方法分析高突破性创新和高渐进性创新的多种逻辑条件组合。

按照研究依据—作用机理—实证研究—组态效应分析的思路开展研究,具体研究框架见图 0-1。

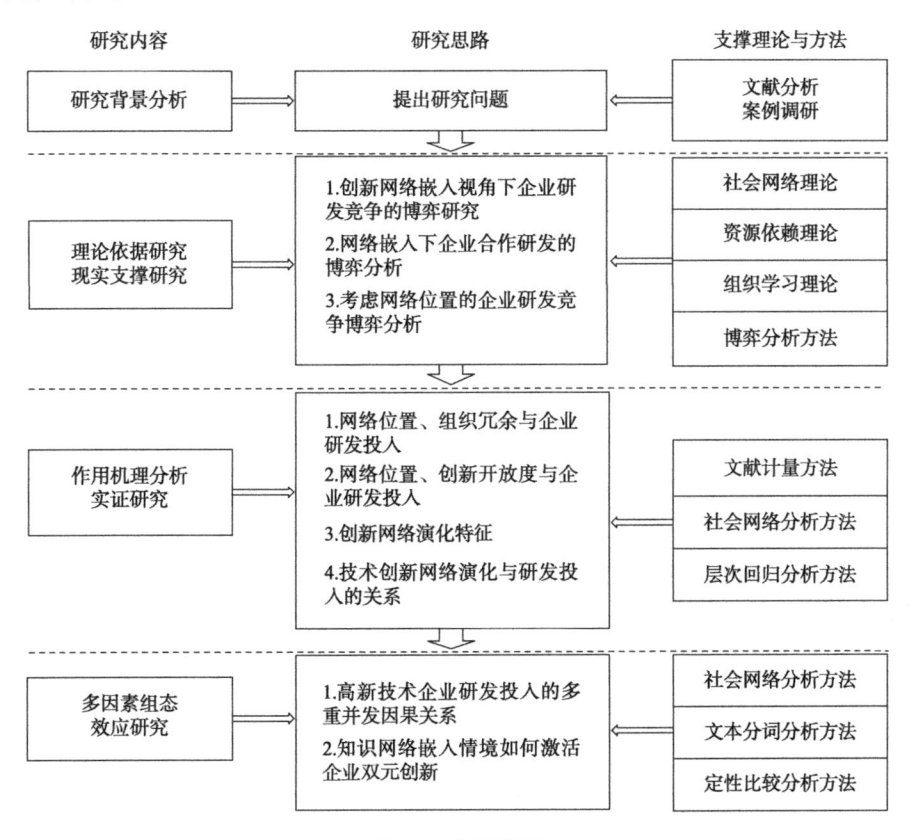

图 0-1 研究框架

目　　录

第一篇　网络嵌入影响企业研发投入的理论分析

第 1 章　相关理论回顾 ··· 3
1.1　社会网络理论 ··· 3
1.2　资源依赖理论 ··· 4
1.3　组织学习理论 ··· 5

第 2 章　创新网络嵌入视角下企业研发竞争的博弈研究 ············· 6
2.1　文献回顾 ·· 7
2.2　模型构建 ··· 10
2.3　模型求解与分析 ··· 12
2.4　算例分析 ··· 16

第 3 章　网络嵌入下企业合作研发的博弈分析 ······················ 19
3.1　问题描述与模型假设 ·· 20
3.2　模型求解与分析 ··· 23
3.3　算例分析 ··· 28

第 4 章　考虑网络位置的企业研发竞争博弈分析 ···················· 32
4.1　问题描述及模型构建 ·· 33
4.2　模型求解及分析 ··· 37
4.3　命题及证明 ·· 41
4.4　数值模拟分析 ·· 43

第二篇　网络位置对企业研发投入的实证研究

第 5 章　网络位置、组织冗余与企业研发投入 ······················ 47
5.1　文献回顾与理论假设 ·· 47

5.2 数据来源和变量设计 ·· 52
5.3 实证模型设计 ·· 55
5.4 描述性分析 ·· 56
5.5 相关性分析 ·· 57
5.6 回归结果分析 ·· 58

第 6 章 网络位置、创新开放度与企业研发投入 ·· 66
6.1 文献回顾与理论假设 ·· 66
6.2 样本的选取和数据来源 ·· 71
6.3 变量测量与模型设计 ·· 72
6.4 描述性分析 ·· 75
6.5 相关性分析 ·· 76
6.6 回归分析 ·· 78

第三篇 网络演化与企业研发投入

第 7 章 ICT 行业技术创新网络特征及其演化分析 ·· 89
7.1 技术创新网络 ·· 89
7.2 自我中心网络及其演化 ·· 91
7.3 自我中心网络、整体网络与企业技术创新 ·· 92
7.4 ICT 行业技术创新网络演化分析 ·· 93
7.5 ICT 行业网络演化特征分析 ·· 95
7.6 ICT 行业网络位置特征分析 ·· 97
7.7 自我中心网络演化分析 ·· 103

第 8 章 福建省产学研专利合作网络特征与演化研究 ······································ 107
8.1 数据来源与处理 ·· 108
8.2 专利合作网络规模 ·· 108
8.3 专利合作网络结构特征 ·· 109
8.4 专利合作网络演化特征分析 ·· 117

第 9 章 自我中心网络演化对企业合作创新研发投入的影响 ························· 121
9.1 理论分析与研究假设 ·· 122
9.2 研究设计 ·· 125
9.3 实证结果与分析 ·· 126

第四篇 企业研发投入的多因素组态效应研究

第 10 章 高新技术企业研发投入的多重并发因果关系
　　　　——基于 QCA 的研究 ································· 133
　10.1　理论分析 ··· 134
　10.2　研究设计 ··· 136
　10.3　数据分析结果 ·· 139
　10.4　理论解释和案例分析 ·· 142

第 11 章 知识网络嵌入情境如何激活企业双元创新?
　　　　——基于 QCA 的研究 ································· 145
　11.1　理论分析 ··· 147
　11.2　研究设计 ··· 147
　11.3　数据分析与结果 ··· 150

参考文献 ·· 155

第一篇　网络嵌入影响企业研发投入的理论分析

第 1 章 相关理论回顾

1.1 社会网络理论

20世纪30年代,人类学家开始关注人际关系网络,Barnes(1954)首次提出"社会网络"的概念后,社会网络理论被广泛运用于社会研究领域,成为研究个体之间、个体与网络之间、网络与网络之间作用的结构分析方法。个体通过各种各样的关系连接起来,形成相互关联的复杂关系网络,知识、资源和信息通过主体间的联系不断转移,在网络中转化为有组织、制度化的流动。随着研究的丰富,逐渐演变出三大社会网络分析理论——强弱关系理论、社会资本理论、结构洞理论(郑向杰,2014)。首先,强弱关系理论将组织间关系按联系的密切程度和互动的频繁程度划分为强连接和弱连接。Granovetter(1973)认为连接强度直接影响彼此自我中心网络的重叠程度,网络主体间保持弱连接有助于信息传播和机会流动,便于成员从网络中获取异质性的知识和资源,从而促进创新。Krackhardt(1992)认为强关系意味着信任,有助于企业从合作伙伴处获取关键知识,加深合作程度,扩宽合作范围。其次,社会资本理论从资源和资本的视角,关注社会网络的作用及网络中的参与者,该理论认为,社会资本是组织因嵌入外部网络所拥有的现实资源和潜在资源的总和,且组织能从中获得收益(Coleman,1988)。网络或更宽泛的社会结构中存在大量的资源和"机会",组织从中获取有价值资源、把握机会的能力就是组织的社会资本。最后,Burt(1992)提出了经典的结构洞理论。该理论认为结构洞作为组织间的"桥梁"连通没有直接联系的节点,因此,结构洞是一个特殊位置,可以获得更多的非冗余资源并有信息控制优势。

社会网络理论运用到商业企业实践中,逐渐细化延伸出知识网络、产学研网络、技术创新合作网络等丰富内涵。其中,技术创新合作网络是组织间进行技术合作创新的一种制度安排(Debresson and Amesse,1991),是企业与企业、学研机构、政府等多样性主体通过建立正式或非正式的技术创新合作关系彼此联系产生交互的总和。尽管网络的内涵日益丰富，但是学界关于网络的研究主要聚焦在网络关系治理和结构治理两方面。网络关系强调嵌入网络中的主体间的关联情况，一般考察组织间联系数量的多少、互动频率的高低，彼此信任程度、关系质量及互利程度等（Rowley et al.，2000）。网络结构则包含网络规模、网络位置、集聚性等特征。网络关系视角认为良好的关系质量有助于伙伴集中精力投入创新所需的知识和资源，降低组织开展合作创新活动的关系风险成本，有助于合作关系及网络的长远稳定发展。网络结构视角则认为各主体占据不同的网络位置，它们获取网络资源的能力也因此有所差异。位于网络核心位置的组织与其他网络行动者的联系更加多元和密切，因此在信息搜集和知识整合等方面具有优势，而这些优势又会吸引更多组织前来寻求合作，进一步提升其网络位置。丰富的外部知识和信息帮助企业降低创新的不确定性，也可以借鉴他人的成功经验，提升自我的创新能力，从而激发创新积极性。

1.2 资源依赖理论

资源依赖理论属于组织理论研究中的一个重要理论流派，着重研究组织间关系、组织的变迁活动及组织与外界环境互动的原理。

资源依赖理论认为，由于组织深深地嵌入环境之中，只有通过环境才能获取实现战略、保证成功的关键资源，因此组织就对环境产生资源依赖（王琳和陈志军，2020）。组织自身所拥有的各类资源实际上都无法满足其生存发展的需要，必须从其他资源拥有者处补充资源，通过交换信息、共享知识等形式满足自身所需（Heide，1994）。为了更好地生存和发展，组织除了发挥自身的主观能动性、积极整合内部资源外，也要采取权变策略，更好地适应环境（王海军等，2017）。组织通过与其他组织交流、交换、共享、合作等方式从外界补充创新所需的关键性资源，此过程必然会导致对外部环境依赖性的增加和组织独立性的降低。

组织具有网络能力（宋晶和孙永磊，2016），这些能力会帮助组织在环境中甄选异质性资源，有利于提升创新绩效（任胜钢，2010）。为了降低对特定资源或组织的依赖性，组织会在外部环境中不断寻找替补资源和组织（Pfeffer and Salancik，2003），也会与其他组织建立不同形式的联系，通过彼此间的契约来减少不确定性及相应的奖惩机制影响外部环境。

综上，组织和外部环境之间是相互依赖、相互制约的关系。组织从外部环境获取资源的同时也必须降低对环境的依赖。

1.3 组织学习理论

资源依赖理论强调企业与环境的互相影响，组织学习理论则侧重于组织可以通过学习外界的知识、技术、能力等互补性资源，增加知识积累，提升创新能力（董佳敏等，2021）。组织学习本质上是组织对内外部知识进行整合运用，最终改变自身行动的一个过程（Slater and Narver，1995），是组织开展创新活动的内在需要。在开放复杂的创新环境下，企业创新活动的不确定性和困难程度都在与日俱增，从外界环境中寻求有用知识补充到创新活动中是突破创新困境的有效途径之一，但组织间存在知识壁垒，知识交易的过程充满了不确定性，也对组织的学习能力提出了更高的要求。因此，建立不同形式的组织间关系是进行组织学习的有效途径（Majchrzak，2014）。随着市场环境的变化，企业不再局限于与同行业、同地区或供应链上下游的组织开展合作创新活动，而是跨行业、跨地区甚至跨国建立联系，从丰富的合作关系中获取广泛的外部知识和资源（姜劲和孙延明，2012），通过组织学习可以增加企业的知识存量。多样化的合作关系使得企业积累了丰富的合作经验，企业可以从不同的合作关系中学习到管理合作关系的能力。

组织吸收能力、信息处理模型和组织学习过程模型是组织学习理论的三个经典观点。Levinthal（1990）提出组织吸收能力是组织学习能力的重要体现。吸收能力是建立在企业有一定的知识积累的基础上，并且能够获取到外部知识的前提下，学习外部知识并与企业原有知识进行整合升级的能力。吸收能力是一种知识运用能力，对于组织获取竞争优势，取得创新绩效有重要作用。Huber（1991）认为能否在外界的海量信息和知识中，准确识别出对企业创新和发展起关键性作用的外部资源是组织学习能力的体现。对于特定组织而言，外部信息量虽然巨大，但无效知识和冗余资源占很大一部分，组织如何避免花费时间精力做无用功、处理和甄别有效信息、实现知识和信息的跨组织传递是组织学习的关键所在。Crossan等（1999）认为组织把学习到的知识分享给组织成员，完成知识转移、知识整合及知识创新的过程就是组织学习。组织学习能力将改变企业的知识存量，而外部知识被内化到企业的知识库中，企业中的个体或部门在学习外部知识的过程中实现知识的整合升级。

综上，打破组织壁垒、建立合作创新关系、识别外部互补的信息和知识、吸收并利用外部知识投入企业的创新活动中，以及获得隐性知识的整合升级、显性知识的经济收益和创新绩效是组织学习理论的重点。

第 2 章　创新网络嵌入视角下企业研发竞争的博弈研究

随着开放式创新时代的到来,越来越多的企业选择与其他企业建立合作关系网络,企业通过网络有效获取和利用外部创新要素来提高创新绩效。根据资源依赖理论,企业在发展过程中对外部环境具有显著的依赖性(Jun et al., 2014),因此,嵌入创新网络的企业倾向通过与其他企业的合作关系实现资源共享和优势互补。以研发活动为例,合作研发的产品往往比单个企业研发的产品更具市场竞争力。鉴于此,国内外学者都对创新网络与合作创新的关系开展研究,如 Dyer 和 Kentaro(2000)研究发现:较强的网络关系可以缩短合作创新网络内互补性资源的传递时间和路径;王丽平和何亚蓉(2016)的研究表明合作创新网络中互补性资源对于合作创新绩效具有正向影响。

根据创新收益的不同结构,研发活动可以分为竞争研发和非竞争研发两种类型(黄东卫等,2015)。除了探究网络嵌入性对企业间合作创新的影响外,还有必要开展关于网络嵌入性与企业间研发竞争关系的研究,从而完善关于网络嵌入性与企业创新关系的研究成果。从知识溢出的视角来看,网络平台各创新主体间的知识溢出为企业创新决策提供了重要源泉,创新主体通过网络联系获取社会资本(范建红和陈怀超,2015),这些社会资本又提升了企业的竞争能力;从竞争压力的视角来看,多数企业为保持网络地位会更加重视创新活动,通过不断增加创新投入以保持与其他网络主体的同步创新甚至引领创新;从创新注意力的视角来看,嵌入相同网络的企业共同接受网络范围内不断传递的各类创新信息,对创新信息的关注和及时把握将引导企业对有竞争力的产品或者技术做出创新投入的决策。Ocasio(2011)指出决策是指企业在所有可选择方案中进行择优的过程,决策结果主要受企业当前注意力分配的影响。综上可见,创新网络嵌入对企业间的研发竞争行为具有重要影响。然而,梳理文献发现,现有关于创新网络嵌入的研究主要关注网络嵌入性与合作创新的关系,鲜少关注网络嵌入特征对企业间竞争性创新决策行为的影响。另外，关于网络嵌入的研究方法以实证为主，但大多数实证研究对网络嵌入的数据主要通过调查问卷获取，问卷设计通常需要了解被调查者的动机和思维过程，问题设计比较困难，问卷回收质量及分析工作也会受影响，因此研究结果也较受争议。

加大研发投入一定程度上提升了企业的创新绩效和竞争力，然而，创新活动本身具有高投入、高风险的特点，会消耗组织资源，加重企业财务负担，在一定程度上还会带来风险（Ugur et al., 2016）。因此，在网络化创新环境下，企业之间研发竞争是企业占据市场、获取竞争地位，同时又消耗企业资源的博弈过程。基于以上分析，本章以创新网络嵌入为研究视角，借助博弈分析方法探究同质企业间相互竞争状态下网络地位、网络关系对企业研发投入的影响。通过构建创新网络嵌入下不同企业间的博弈模型，分析反映网络位置特征的企业间技术溢出、网络吸收能力及反映网络结构特征的网络中心度对企业竞争性研发投入的影响，研究结论将丰富企业研发投入影响因素的研究成果，也为有效激励企业创新提供了一个有价值的思路。

2.1 文献回顾

2.1.1 社会网络研究

有关社会网络的研究可以追溯到 20 世纪 30 年代的人类学研究，当时的研究者将目光聚焦于人际关系网络，探讨群体中的人际网络变化。随后，学者们将网络联系的视角运用到组织行为研究，部分社会学研究者开始重视社会网络理论的运用并逐渐发展为三种经典的社会网络分析理论。第一种是 Granovetter（1973）提出的弱连接理论，其主要观点是网络成员之间保持较弱的连接可以获取到非同质化的资源及信息，缓解合作伙伴同质化的问题，有助于弱连接关系的网络成员传递创新资源。第二种是由 Krackhardt（1992）提出的强连接理论，其强调较强的连接能够帮助合作双方获取优质资源。第三种是由 Burt（1992）提出的结构洞理论，该理论认为企业利用结构洞位置的非冗余联系可获得异质性的资源，从而筛选、识别和积累创新信息，增加创新机会。

当前利用社会网络分析企业行为主要有两种视角：网络结构视角和网络关系视角，其中网络结构视角主要考虑了网络位置，侧重强调网络位置对企业的决策和行为造成的影响，网络关系则侧重描述网络成员的关系质量及关系强度的作用。各参与主体通过某种特定的联系形成网络，伴随复杂联系的相互联结也形成了不同的网络位置。处于重要的网络位置，代表着自身拥有较强的实力，能够在合作中获取众多优势。例如，Bell（2005）指出占据良好网络位置可以使企业在信息整合、知识获取及资源支配等方面具有相对优势。Casper（2007）认为处于良好网络位置的企业在信息搜集与信息处理等方面具有优势，而这种优势会吸引更多的网络成员前来寻求合作。通过这种途径可以使企业更有机会获得自身发展所需的知识、信息、资金、管理经验等，累积创新所必备的资源，从而促进企业创新能力的提升。例如，Carpenter 和 Westphal（2001）发现，处于中心网络位置的企业与外部组织的联系更加紧密，能够利用外部丰富的专业知识资源降低本企业技术学习的不确定性，有效地提高公司的技术创新能力。丰富的外部资源除了能够帮助企业提高创新能力外，也有助于企业抗风险能力的提高，进而促进企业提升创新积极性。例如，Hossain 和 Fazio（2009）的实证研究表明，越占据中心网络位置，越有助于组织创新。Ahuja（2000）通过实证研究指出，网络中心位置与企业创新产出水平正相关。

网络关系视角更加关注网络成员的关系质量对企业创新行为的影响。Granovetter（1985）以网络行动者的互动频率、互利程度及亲密程度为基础对网络成员的关系强度进行界定，并划分为强、弱两种关系。良好的网络关系以信任为基础，使得企业之间能够进行深层次的合作，不但削减了合作创新中的不确定性成本，而且促进了创新知识的转化，最终影响企业创新产出水平。例如，Lynn 和 Reilly（2000）认为网络关系是进行知识转移的有效途径，良好的网络关系有助于企业提升知识转化效率，进而促进企业创新绩效的提高。网络关系强化了网络中的知识共享及信息交换行为，促进了隐性知识的高效流动，提升了企业的知识获取效率，最终提高了企业的创新绩效。从可获得信息的冗余程度来看，企业更倾向同各方面与自身相似的行动者建立起强关系，导致联系圈高度同质化，使企业更可能获得冗余信息；从信息获得成本来看，保持较弱的网络联系能够使企业在获取信息时拥有成本优势，有助于企业开展探索式创新；从关系信任的角度来看，较强的网络联系能够促进企业之间形成高度信任，有效降低合作中的企业冲突，提升信息交流质量，提高创新成功率。

2.1.2 关于网络位置的研究

1. 网络位置的度量

国内外学者们用不同的参数反映网络位置，其中使用最为普遍的指标是中心度和结构洞。中心度用网络成员与外部行动者连接的数量来描述，强调直接联系的特性。中心度能够反映组织位于网络中心的程度及在网络中获取和控制资源的程度。较高的中心度代表着企业拥有数量众多的合作伙伴，能够通过多种渠道获取信息及资源，使企业更容易成为网络枢纽并获得网络影响力，而较低的中心度则表明企业远离网络中心，此时企业的信息来源渠道及资源获取效率均处在劣势地位。

Burt（1992）首次提出结构洞理论，认为结构洞就是网络内部两个行动者之间非冗余的联系，从中介联系的角度为网络位置的研究开辟了另一个视角。随后有学者在 Burt 的理论基础上对结构洞做出了较为明确的定义，如孙笑明等（2014）认为网络中两个不存在直接联系的创新主体必须通过第三个主体才能实现联系，那么这第三个主体就是结构洞。中心度关注网络成员间的直接联系，而结构洞更加关注中介联系。占据结构洞位置的企业扮演着中间人的角色，在信息交流、研发合作、产业链合作等活动中，结构洞企业能够充分利用中间人的优势获取到结构洞两端企业的非冗余信息，使得企业可以利用信息不对称的优势先行创新，从而占据有利的市场地位。此外，由于中介联系的特点，结构洞企业是其他网络成员间唯一的连接枢纽，可以控制和影响网络中的信息及资源流动，进而影响网络成员的创新进程，所以，结构洞可以为企业带来丰富的异质性信息，增加企业的创新机会。

2. 网络位置与企业创新

资源基础观最开始关注的是企业自身拥有的资源在影响自身创新绩效及培养竞争优势等方面的作用。然而，企业自身的资源是有限的，当企业内部无法提供发展及创新所需的全部资源时，就必须从外部机构获得。通过企业外部渠道获取资源使得企业同外部机构建立了联系，特别是在网络化的情况下，各创新主体间的联系日益密切。因此资源基础观的关注点也逐渐转移到企业在网络背景下如何利用外部资源及信息影响自身的创新活动。企业不断扩展联系圈使得自己在相关网络中越来越趋于核心位置，此时能够吸引更多的优质资源从而累积优势资源。处于核心位置的企业能够接触到更多前沿的知识及信息，依靠资源优势可以在行业中先行试验创新项目从而掌握创新先机。处于网络边缘位置的企业，其信息及资源获取效率较低，对于创新信息的掌握落后于核心位置企业，因此在创新时机的把握上往往落后于核心位置企业。

有关网络位置对企业创新起到何种作用的研究结论尚未达成一致，部分学者认为网络位置会对企业创新行为具有负面作用。网络位置是网络主体间相互联系的结果，但过多的网络联系会挤占企业的创新资源，进而影响企业的创新效率。例如，Ahuja（2000）构建了国际医药行业网络，进行网络位置与企业创新产出的实证分析，其结果表明结构洞对创新产出水平具有负向影响。另一部分学者则认为良好的网络位置对企业的创新具有积极的促进作用。例如，徐建中和徐莹莹

(2015)认为企业通过结构洞位置易于获取差异化的技术信息,既方便企业考察合作伙伴的资质,亦可帮助企业感知外部环境的创新机会和潜在威胁,从而提高企业技术创新的成功率。

2.2 模型构建

2.2.1 问题描述

虽然绝大多数企业由于追求垄断利润而选择独立研发以防止技术知识的泄露(Cassiman et al.,2009),但是,在网络化创新时代,企业的经济行为往往通过某些方式嵌入社会网络中,其决策和行动不可避免地受到其他网络主体的影响。为了研究网络嵌入对企业行为的影响,先要对网络嵌入特征进行测度。参考 Burt(1992)的方法,本章用网络关系和网络位置表征创新网络嵌入的特征。

网络关系体现网络成员间的信任和行动的一致性程度。稳定的网络关系有助于建立一致认可的合作规范或条约,从而提高各成员之间的行动效率和信任程度(蔡彬清和陈国宏,2013)。Dhanarag 和 Parkhe(2006)指出,稳定的网络关系使企业间更加亲近,更有利于企业获得有效的信息和知识;Lawson(1999)认为网络主体之间广泛的非正式交流产生了大量的隐性知识溢出,增加了企业在网络环境获取知识的可能,对提高企业吸收能力具有积极的作用。根据以上文献可知,对创新知识的吸收能力和企业间技术溢出情况能够间接反映网络关系情况。其中,吸收能力是指企业对外部创新知识的消化、整合的动态能力;技术溢出是指企业开展创新活动的新成果通过各种渠道传给其他企业。

关于网络位置最重要的研究参数是网络中心度(胡海青等,2011)。网络中心度体现了企业在网络结构中的嵌入性程度。从网络所有成员彼此之间相互连接的距离来看,中心企业到网络其他成员的路径之和最短,与网络其他成员之间在信息交流上最活跃也最直接,因此,网络中心性提升了企业在网络中的信息获取能力。Benson(1975)提出网络中心性可以通过企业对信息在网络成员之间传播的控制以及由此所形成的相对权力来帮助企业获得竞争优势。张红娟和谭劲松(2014)指出网络中心性有利于企业从外部获取多样性的知识和信息,为了能够从网络中获取丰富的异质性信息,企业应该努力提高网络中心度。

网络嵌入下,企业的创新决策受到网络关系和网络位置的共同影响。根据博弈双方所处网络位置情况,可以将两个同质企业间的创新活动博弈分为两种情形:情形一,不同网络位置企业研发竞争博弈;情形二,相同网络位置企业研发竞争博弈。在这两种博弈情形中，主要分析网络嵌入性指标即网络关系和网络位置对竞争性研发投入的影响。

2.2.2 模型假设和符号说明

（1）研发投入成本。关于企业研发投入的测量可采用研发投入成本、研发投入方式及研发人员占企业员工的比例等方式，其中，研发投入成本被较多学者采用。因此，选取研发投入成本来衡量博弈双方为提升产品竞争力而开展研发活动的投入情况。假设企业 i 对单位新产品的研发投入为 x_i，根据赵凯和王健（2019）的研究，研发投入存在规模报酬递减效应，企业 i 的研发投入 x_i 与研发成本 $\psi(x_i)$ 之间的关系满足：$\psi(x_i) = \dfrac{\gamma x_i^2}{2}$。其中，$\gamma$ 为企业技术创新的成本参数，表示企业独有的技术或知识资源的使用效率或产出，该值越小，说明企业的创新能力越强（方海燕和达庆利，2009）。为方便对各参数关系的分析，令 $\gamma=1$。同理，企业 j 的研发投入成本为 $\dfrac{x_j^2}{2}$。

（2）网络中心度。企业 i 的网络中心度为 θ_i。当 θ_i 趋近于 0 时，表明企业 i 处于网络边缘位置，企业 i 较难从网络中获取创新资源；相反，θ_i 越趋近于 1，表明企业 i 处于网络中心，从网络获取创新资源的能力强，这些资源有助于降低创新决策的不确定性。同理，企业 j 的网络中心度 θ_j 的取值及其含义与企业 i 一致。

（3）网络平均吸收能力。网络平均吸收能力能够反映网络关系情况。假设网络内随机一个企业的吸收能力为 σ_w，σ_w 越趋近于 1，说明企业学习及转化外部知识的能力越强。$\sum\limits_1^n \sigma_w$ 则表示网络内所有（n 个）企业吸收能力的总和。网络内随机一个企业的网络中心度为 θ_w，$\sum\limits_1^n \theta_w$ 则表示网络内所有（n 个）企业中心度的总和。那么，λ（$\lambda = \dfrac{\sum\limits_1^n \sigma_w}{\sum\limits_1^n \theta_w}$，$w=1,2,3,\cdots,n$）则表示网络内平均一个中心度所具有的吸收能力，与单个企业的吸收能力（σ_w）相似，当 λ 越趋近于 1 时，表示网络平均吸收能力就越强。基于网络平均吸收能力系数，网络上任意一个企业的吸收能力可以表示为 $\lambda\theta_w\,(w=1,2,3,\cdots,n)$。

（4）企业间的技术溢出系数。技术溢出系数也用来反映网络关系情况，主要受网络中信息流通渠道、知识传播能力、供应链长度等因素影响（张喜征等，2017）。对于处在同一个技术创新网络的两个企业，由于它们所处的网络环境相同，经过长时间的演化博弈，技术溢出将趋于一致，故可以假设网络中两个研发竞争的同质企业具有相同的技术溢出系数，即 $\beta_i = \beta_j = \beta(\beta \in (0,1))$。根据宋之杰和孙其龙（2009）的研究，当企业的研发投入为 x_i 时，其技术溢出可以用 βx_i 来表达。

（5）市场需求。市场平均需求反映了产品研发投入的市场效益，假定博弈双方对同类产品单位研发投入所产生的市场平均需求为 $\mu(\mu>0)$。依据任方军（2010）的假设，如果产品的市场需求为 $q = q_i + q_j = \mu(x_i + x_j)(\mu>1)$，那么市场的逆需求函数为 $p = a - q = a - \mu(x_i + x_j)$。

（6）单位产品的成本。假定实施创新前两个企业单位产品的生产成本相等，即 $c_i = c_j = c$，实施创新后，两个企业的单位产品成本分别为 C_i、C_j。根据张伟等（2016）的博弈参数假设及汪勇杰等（2017）的仿真模拟，本章假定 $a > c$。以企业 i 为例，c_i 和 C_i 的关系为 $C_i = c_i - x_i - \beta\theta_i\lambda x_j$。其中，$\beta\theta_i\lambda x_j$ 表示企业 i 通过吸收能力 $\theta_i\lambda$ 吸收了企业 j 的技术溢出 βx_j，从而使得单位产品成本得到降低。

（7）假定同处一个创新网络的企业所面临的外部环境及企业自身的微观条件均一致，即不考虑企业自身条件及外部宏观环境的差异，仅考虑网络环境对企业研发投入的影响。

2.3　模型求解与分析

2.3.1　不同网络位置企业研发竞争博弈

分析两个企业处于不同网络位置的竞争博弈情形。根据上述参数及假设条件，构建两个企业的利润函数 π_i、π_j：

$$\begin{cases} \pi_i = \left[a - \mu(x_i + x_j) - c + x_i + \beta\theta_i\lambda x_j\right]\mu x_i - \dfrac{x_i^2}{2} \\ \pi_j = \left[a - \mu(x_i + x_j) - c + x_j + \beta\theta_j\lambda x_i\right]\mu x_j - \dfrac{x_j^2}{2} \end{cases} \quad (2.1)$$

研发竞争状态下，两个企业均追求利润最大化，因此，对两个企业的利润关于研发投入求一阶偏导并令其等于 0，即

$$\begin{cases}\dfrac{\partial \pi_i}{\partial x_i}=0 \\ \dfrac{\partial \pi_j}{\partial x_j}=0\end{cases} \Rightarrow \begin{cases}x_i = \dfrac{a\mu - c\mu - 2a\mu^2 + 2c\mu^2 + a\mu^3 - c\mu^3 + a\beta\mu^2\theta_i\lambda - c\beta\mu^2\theta_i\lambda}{1 - 4\mu + 8\mu^2 - 8\mu^3 + 3\mu^4 + \beta\mu^3\theta_i\lambda + \beta\mu^3\theta_j\lambda - \beta^2\mu^2\theta_i\theta_j\lambda^2} \\ x_j = \dfrac{a\mu - c\mu - 2a\mu^2 + 2c\mu^2 + a\mu^3 - c\mu^3 + a\beta\mu^2\theta_j\lambda - c\beta\mu^2\theta_j\lambda}{1 - 4\mu + 8\mu^2 - 8\mu^3 + 3\mu^4 + \beta\mu^3\theta_i\lambda + \beta\mu^3\theta_j\lambda - \beta^2\mu^2\theta_i\theta_j\lambda^2}\end{cases}$$

(2.2)

其中，x_i 和 x_j 关于主要参数即企业的溢出系数、企业的中心度、网络平均吸收能力的一阶求导结果具有一致性，由于篇幅有限，下面仅以企业 i 为例分析 x_i 与各参数的关系。

命题 2.1：技术创新网络内部竞争企业之间技术溢出越多，企业的研发投入越大。

证明：

$$\dfrac{\partial x_i}{\partial \beta} = \dfrac{(a-c)\beta^2\lambda\left\{\left[-(-1+\mu)^2\right]\mu^2\theta_j + \beta^2\mu^2\theta_i^2\theta_j\lambda^2 + (-1+\mu)^2\theta_i\left[1+2\mu^2+2\mu(-1+\beta\theta_j\lambda)\right]\right\}}{(1-4\mu+8\mu^2-8\mu^3+3\mu^4+\beta\mu^3\theta_i\lambda+\beta\mu^3\theta_j\lambda-\beta^2\mu^2\theta_i\theta_j\lambda^2)^2}$$

(2.3)

由式（2.3）可知，等式右边的分母恒大于 0，因此只需判断分子整体的符号。首先，由 2.2.2 部分的假设可知，μ、λ 皆大于 0，以及 $a > c$，所以推出 $(a-c)\mu^2\lambda > 0$，进行合并和化简，得 $A = (-1+\mu^2)\left\{-\mu^2\theta_j + \theta_i\left[1+2\mu^2+2\mu(-1+\beta\theta_j\lambda)\right]\right\}$。由 2.2.2 部分的假设可知，企业之间的溢出系数 β、企业的中心度 θ、网络平均吸收能力 λ 的取值范围皆在 0 到 1 之间。因此，$1+2\mu^2+2\mu(-1+\beta\theta_j\lambda) > (1-\mu)^2 + \mu^2 > \mu^2$，由此，$A > (-1+\mu)^2(-\mu^2\theta_j + \mu^2\theta_i) > 0$。综上，等式右边大于 0，所以得出 $\dfrac{\partial x_i}{\partial \beta} > 0$。

命题 2.1 表明：在研发竞争过程中，网络范围内竞争企业之间技术溢出越多，越有利于促进企业增加研发投入。从资源基础观的视角来看，知识外溢难以避免，且外溢的隐性知识有可能涉及企业的核心技术。技术溢出程度越高，企业接触到外界异质性知识的机会就越大，这些知识往往是企业创新的源泉。企业吸收其他主体的外溢技术，有利于降低创新的试错成本，提高创新的成功概率，企业也会因此增加创新积极性。然而，技术溢出也加剧了市场竞争（Konings，2001），企业只有加大研发投入，不断开展创新活动，才能在愈加激烈的外部竞争中脱颖而出，实现在网络内的位置跃迁，从而拥有更高的网络权力。综上可见，网络范围内竞争企业之间的技术溢出不但帮助企业获得创新资源、提高企业创新积极性，而且加大企业创新的压力，因此，最终能够促进企业增加研发投入。

命题 2.2：在其他因素不变的条件下，技术创新网络内企业的平均吸收能力越强，企业的研发投入越大。

证明：

$$\frac{\partial x_i}{\partial \lambda} = \frac{(a-c)\beta\mu^2\left\{\left[-(-1+\mu)^2\right]\mu^2\theta_j + \beta^2\mu^2\theta_i^2\theta_j\lambda^2 + (-1+\mu)^2\theta_i\left[1+2\mu^2+2\mu(-1+\beta\theta_j\lambda)\right]\right\}}{\left(1-4\mu+8\mu^2-8\mu^3+3\mu^4+\beta\mu^3\theta_i\lambda+\beta\mu^3\theta_j\lambda-\beta^2\mu^2\theta_i\theta_j\lambda^2\right)^2}$$

(2.4)

由命题 2.1 的证明过程可知，$(-1+\mu^2)\left\{-\mu^2\theta_j+\theta_i\left[1+2\mu^2+2\mu(-1+\beta\theta_j\lambda)\right]\right\}>0$，又因为 $\beta^2\mu^2\theta_i^2\theta_j\lambda^2>0$，$a-c>0$，由此可知，等式右边大于 0，即 $\frac{\partial x_i}{\partial \lambda}>0$。

命题 2.2 表明，提高技术创新网络的平均吸收能力有助于促进企业增加研发投入。吸收能力弱表明企业间技术协同能力低，难以将外部知识资源内化为创新动力（段庆锋，2019）。相反，吸收能力越强，说明企业可以更好地吸收其他企业的外溢技术和知识。较强的吸收能力能提高企业的创新速度、创新频率及创新强度，促进企业变革（Sheng and Chien，2016）。企业通过对外部技术知识的价值判断、识别和甄选，选择那些有价值并且适合产业发展的技术，通过学习吸收再与内部知识整合并加以应用，从而促进企业开展创新活动。因此，拥有较强吸收能力的企业通过对外部资源吸收、转化并整合成内部资源，降低了创新活动的不确定性，提高了企业研发创新的积极性。

技术溢出和网络平均吸收能力都反映了网络关系情况，由命题 2.1 和命题 2.2 可知，网络关系强弱对企业研发投入产生影响。较强的网络关系会影响企业之间传递、获取和创造知识。企业间高频率和高质量的互动有利于增强以知识为基础的信任，能够提高知识转移的效率及拓宽知识交流的领域（Gilsing，2005），进而提高企业的资源配置效率和效果。Tomlinson（2011）以英国制造业中的 360 家中小企业为研究对象，研究发现中小企业与供应商、顾客的关系越密切，越能够促进创新。综上，在较强的网络联结关系背景下，企业会更加积极地开展研发活动。

命题 2.3：在其他因素不变的情况下，网络中心度越大，企业的研发投入也越大。

证明：$\frac{\partial x_i}{\partial \theta_i} = \frac{(a-c)\beta\mu^2(1-2\mu+\mu^2)\lambda\left[1+\mu^2+\beta(-2+\beta\theta_j\lambda)\right]}{\left(1-4\mu+8\mu^2-8\mu^3+3\mu^4+\beta\mu^3\theta_i\lambda+\beta\mu^3\theta_j\lambda-\beta^2\mu^2\theta_i\theta_j\lambda^2\right)^2}$

(2.5)

根据命题 2.1 的证明过程，$(a-c)\beta\lambda^2>0$、$1-2\mu+2\mu^2=(1-\mu)^2>0$ 且 $1+\mu^2+\beta(-2+\beta\theta_j\lambda)>1+\mu^2+1\times(-2+1)=\mu^2>0$。综上可知，式（2.5）的分子大

于 0，所以 $\dfrac{\partial x_i}{\partial \theta_i} > 0$。

命题 2.3 表明，提高网络中心度有助于促进企业增加研发投入。网络中心度高表明企业处于网络核心位置，企业因此拥有更多的信息收集渠道，也更容易获得丰富的知识资源。丰富的知识资源为企业创新提供了源泉。因此，核心网络位置的知识获取和知识创造优势为促进企业创新提供了基础，加大了企业增加研发投入的可能性；另外，处于网络中心位置的企业有更多的机会了解所联系的其他企业并从中挑选优秀企业开展创新合作，因此，网络中心位置有助于企业加大与其他企业的研发合作力度。

2.3.2 相同网络位置企业研发竞争博弈

考虑处于相同网络位置的两个同质企业研发竞争的博弈情形。相同网络位置企业研发竞争博弈可以视为不同网络位置企业竞争博弈的特殊情况，即两个企业的网络中心度相等（$\theta_i = \theta_j = \theta$）。分析思路与不同网络位置企业的博弈情形一样。

根据以上假设，构建相同网络位置的两个同质企业利润函数：

$$\begin{cases} \pi_i = \left[a - \mu(x_i + x_j) - c + x_i + \beta\theta\lambda x_j\right]\mu x_i - \dfrac{x_i^2}{2} \\ \pi_j = \left[a - \mu(x_i + x_j) - c + x_j + \beta\theta\lambda x_i\right]\mu x_j - \dfrac{x_j^2}{2} \end{cases} \quad (2.6)$$

由于两个企业各自决定研发投入以达到企业的利润最大化，故 π_i、π_j 分别对 x_i、x_j 一阶求导并取值为 0：

$$\begin{cases} \dfrac{\partial \pi_i}{\partial x_i} = 0 \\ \dfrac{\partial \pi_j}{\partial x_j} = 0 \end{cases} \Rightarrow x_i = x_j = \dfrac{(a-c)\mu}{1 - (2 + \beta\theta\lambda)\mu + 3\mu^2} \quad (2.7)$$

其中，x_i 和 x_j 关于企业的溢出系数、企业的中心度、网络平均吸收能力的一阶求导结果具有一致性，因此，仅分析企业 i 的研发投入与各参数的关系。

第一，求 x_i 关于企业溢出系数 β 的一阶导数，结果如下：

$$\dfrac{\partial x_i}{\partial \beta} = \dfrac{(a-c)\theta\lambda\mu^2}{\left[1 - (2 + \beta\theta\lambda)\mu + 3\mu^2\right]^2} \quad (2.8)$$

分母是恒大于 0 的正数，因此只需判断分子整体的符号即可。由 2.2.2 部分的假设可知，θ、λ、μ 皆为大于 0 的数，因此 $\theta\lambda\mu^2 > 0$。由 2.2.2 部分的假设可知，

$a>c$，所以 $a-c>0$。综上，$(a-c)\theta\lambda\mu^2>0$，所以 $\frac{\partial x_i}{\partial \beta}>0$。

第二，求 x_i 关于企业的中心度 θ 的一阶导数，结果如下：

$$\frac{\partial x_i}{\partial \theta}=\frac{(a-c)\beta\lambda\mu^2}{\left[1-(2+\beta\theta\lambda)\mu+3\mu^2\right]^2}>0 \qquad (2.9)$$

通过对比式（2.8）和式（2.9），可知 x_i 关于 β、θ 的一阶导数只是分子上存在差别。由假设并结合式（2.8）的证明，易得 $\frac{\partial x_i}{\partial \theta}>0$。

第三，求解研发投入关于网络的平均吸收能力 λ 的一阶导数，结果如下：

$$\frac{\partial x_i}{\partial \lambda}=\frac{(a-c)\beta\theta\mu^2}{\left[1-(2+\beta\theta\lambda)\mu+3\mu^2\right]^2}>0 \qquad (2.10)$$

结合式（2.8）和式（2.9）的推导，可知 $\frac{\partial x_i}{\partial \lambda}>0$。

综合 x_i 对 β、θ 和 λ 的一阶求导结果可知，相同网络位置企业博弈与不同网络位置企业博弈所得结论一致，即在研发竞争状态下，企业的研发投入与企业之间的技术溢出系数、网络的平均吸收能力、企业的中心度皆成正比。

2.4 算例分析

为了能够更加直观地分析不同情形下关键网络参数对企业研发投入的影响效应及网络整体利润函数的变化趋势，本节通过变量赋值对以上研究结论进行数值模拟分析。

首先，根据 2.2 节和 2.3 节的研究前提设定各参数的数值或者取值范围（表2.1）。其中，λ 取值大于 0 且小于等于 1，λ 越趋近于 1，表示网络平均吸收能力越强；θ 取值在 0 到 1 之间，θ 越趋近于 1，表明企业的网络位置越核心；β 取值在 0 到 1 之间，β 越趋近于 1，表明企业之间的技术溢出效应越强。关于 a、c 之间的数量关系，根据 2.2.2 部分的规定。另外，将常量 μ、a、c 控制在 10 个单位以内，主要是为了避免这些参数变动过大引起研发投入较大的变动。

表 2.1 各参数取值或取值范围的设置

参数	取值	参数	取值范围
a	10	β	$\beta\in[0,1]$

续表

参数	取值	参数	取值范围
c	5	λ	$\lambda \in (0,1]$
μ	2	θ	$\theta \in [0,1]$

在数值分析过程中，将企业研发投入作为因变量，选定其中一个变量作为自变量，其余变量将作为常量进行模拟，以避免多个变量共同变化对模拟效果产生影响。主要探究 β、λ、θ_i 这 3 个主要变量对企业研发投入的影响，因此，首先给定 μ、a、c 的取值，其次固定其他主要变量，只改变其中一个主要变量的取值。利用 C++，给定变动变量的最小有效值，进行循环运算，得到对应的结果变量数值，在此基础上观察企业研发投入的变化趋势。

根据图 2.1，从 $x_i - \beta$ 的走势可以看出，企业之间的技术溢出效应越高，越有利于促进企业研发投入的增加；$x_i - \lambda$ 的走势验证了关于企业研发投入与网络平均吸收能力存在正向相关关系的结论。通过对比 3 个主要参数与企业研发投入的作用关系，发现企业研发投入对企业之间的技术溢出效应的灵敏度最强，对企业所处网络位置的灵敏度次之，对网络平均吸收能力的灵敏度最弱。

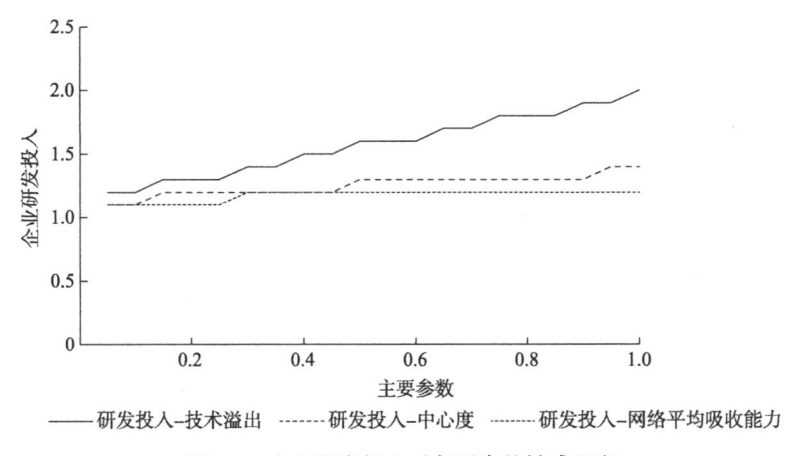

图 2.1 企业研发投入对各要素的敏感程度

基于技术创新网络嵌入的背景，构建同一创新网络内两个同质企业间研发竞争的博弈模型，针对不同网络位置企业竞争及相同网络位置企业竞争的两种情形，探究网络位置、网络关系对企业竞争性研发投入的影响。研究结果表明：网络范围内企业间较高的技术溢出有利于促进企业研发投入的增加；网络平均吸收能力越强，越有利于促进企业增加研发投入；企业的网络中心度正向促进企业增加研发投入。

关于创新网络嵌入性影响企业研发投入的研究结论对网络管理者及企业都有一定的指导意义。对网络管理者而言，应当引导核心企业发挥带头作用，通过以强带弱提高网络整体的创新实力。此外，还应积极组织网络内部开展企业之间的技术交流、技术培训等活动以加大企业间的技术溢出及促进企业对知识的吸收；网络管理部门还可以通过研发补助等方法帮助创新实力较弱的企业，缩短企业间创新水平的差距。对于企业而言，网络中心度较低的企业应该通过模仿创新、技术学习等方式学习核心企业先进的知识和技术，进而缩小与其他企业的距离；中心度较高的企业应当充分发挥领头羊的作用，凭借网络位置优势积极投入技术创新活动并引导网络整体的创新发展；对于网络外部的企业而言，在其他条件相近的条件下，应积极加入网络关系良好的技术创新网络，通过借助网络内部成员间的技术溢出效应促进本企业提升创新能力和动力，进而提升市场竞争力。

第3章 网络嵌入下企业合作研发的博弈分析

学者们关于网络嵌入对企业创新绩效的研究已取得较丰富的成果，然而，对于网络嵌入性与创新绩效的研究结论存在着诸多悖论：一是关系嵌入悖论，即网络中的强关系与行动者创新绩效的悖论；二是结构嵌入悖论，即高密度网络正相关于创新绩效，由于结构洞的存在，低密度网络与创新绩效间的关系也是正相关。由此可见，要揭示网络嵌入对企业创新绩效的影响为什么出现悖论，需要引进其他变量才能深入探究其内在的作用机理。

研发投入是企业自主创新的源泉，是企业在日益加剧的市场竞争中保持持续发展能力的基础，然而，研发投入具有高风险、高成本和高复杂性，研发投资决策因而成为企业基于长短期利益综合考虑做出的关键投资决策之一。如何促进企业增加研发投入以推动我国经济发展的持续创新，已成为我国当前亟待解决的重要课题。

文献梳理发现关于研发投入影响因素的研究主要关注企业内部因素和宏观环境，鲜见基于中观的视角如关于网络环境对企业研发投入作用的研究。事实上，在网络化创新环境下，企业研发活动作为创新活动的基础不可避免地受到网络环境的影响。因此，随着网络化合作创新趋势的增加，探讨网络嵌入性对企业合作研发投入的影响具有重要的理论和现实意义。

本章针对创新网络内部企业合作研发的行为，构建两个参与主体研发投入博弈模型，从网络嵌入视角探究企业合作研发投资决策的影响因素，即分析网络距离、中心度等网络结构指标以及规范合作行为的成本、网络平均吸收能力、技术溢出及企业间的竞争程度等网络关系指标对企业研发投入的影响，最后通过算例对得到的结论进行验证。探究创新网络对企业合作研发投入的作用机理有助于进一步解答创新网络对创新绩效的作用路径，这也为揭示网络嵌入悖论的深层次原因提供了思路。研究的结论为实施网络化管理以提高企业合作研发投入提供理论依据,丰富了企业研发投入的研究成果。

3.1 问题描述与模型假设

3.1.1 提出问题

合作研发是指企业之间或企业与研发机构之间的联合研发行为。根据知识溢出理论,研发主体通过合作研发能够实现资源共享和优势互补。创新网络内的各企业通过合作研发能够资源互补,研发的新产品往往更加符合消费者需求,更能提高消费者的满意度。从长远来看,合作研发能够为双方扩大市场,增加收益并实现双赢(杨东和朱旭,2018)。因此,自从 Williams 和 Lilley(1993)提出合作研发概念以来,合作研发成为企业之间提高创新能力的重要研发模式。

关于合作研发的研究,学者们区分了产学研合作研发和企业间的合作研发,研究主题包括合作研发中的知识溢出效应和合作研发的影响因素(朱晨和杨烨,2018)。在已有研究的基础上,本章基于网络嵌入视角探究同一个创新网络内企业之间合作研发的诱发机制,分别从考虑网络结构和网络关系角度考察相关指标对研发投入的影响。

3.1.2 问题描述

企业间的创新合作网络是由多个节点企业基于多种合作关系构成的网状模式,本节主要关注网络嵌入性对企业研发决策的影响,因此,为了研究方便,根据网络位置的不同将网络中的企业分为两个群体(企业群体 1 和企业群体 2)。首先,在两类网络位置有差异的企业群体 1 和企业群体 2 中各随机抽取一个企业配对进行博弈;其次,在其中任意一个群体(企业群体 1 或企业群体 2)中随机抽取两个企业进行博弈分析。通过对不同网络位置企业之间的研发博弈分析及相同网络位置企业之间的研发博弈分析,较为完整地考虑了企业合作网络的网络关系、网络结构等指标对企业研发投入决策的影响。

首先,分析不同网络位置企业 i、j($i \neq j$,i 代表高网络中心度的企业,j 代表低网络中心度的企业)合作研发博弈情况;其次,分析相同网络位置企业 i、j($i \neq j$,i、j 代表相同网络中心度的企业)合作研发博弈情况。

当两个企业达成合作研发协议时,双方各自决定研发投入 x_i, x_j,利润分别为 π_i、π_j,双方以整体利润(π)最大为目标。

为获得理想的合作研发效果，双方需要支付一定的成本，这些成本包括研发投入成本和合作成本。研发投入成本是指在合作过程中为获得创新所支付的研发费用；合作成本是为保证有效地开展合作所支付的管理成本。由于合作企业之间不可能完全信任，外部环境也具有不确定性，故任何一方都可能出现投机行为，为降低对方的投机行为带来的损失及保证顺利开展合作创新，双方都可能采取一定的措施对合作研发行为予以规范和约束（李志强等，2017）。

合作研发的过程伴随着新产品和新知识的产生，新产品能够促进企业经济效益的提升，新知识能够提升企业管理能力和技术能力。因此，合作研发带来的收益可以表示为新产品销售利润和隐性收益的增加。销售利润是指合作研发的新产品在市场中销售所获得的利润，隐性收益是指在合作过程中企业凭借吸收能力将对方知识如管理理念、技术方法转化为企业内部知识所带来的收益。

网络嵌入分为结构嵌入和关系嵌入。结构嵌入指标包括中心度和位置势差。中心度用来考察企业在网络中充当集散节点和网络中心枢纽的程度（Burt，1992），是网络结构中最重要的指标之一（邵强和耿红悦，2017）。中心度高的企业拥有信息获取和控制优势，能够通过甄辨不同渠道来源的信息，排除误导性信息，提高所得信息的准确性（姚艳虹等，2017）。当企业的网络中心度趋近于 0 时，表明该企业处于网络边缘的位置；当企业的网络中心度趋近于 1 时，意味着该企业处于网络的核心位置，拥有较大的网络权力，能够较大程度地控制其他行动者。中心度差可视为两个企业在网络位置上存在的差距，简称位置势差（h）。根据以上定义，$h \in (0,1)$。反映关系嵌入的指标包括规范合作行为的成本和吸收能力。合作过程中规范双方行为是为了降低不信任程度，从而维护稳定的合作关系。因此，规范化成本越低，表明创新网络内企业间的关系质量越好，越有利于合作创新。吸收能力是识别与应用外部技术机会的动态能力（Zahra and George，2002），而关系嵌入是基于互惠关系预期而产生的双向关系，能够表达互动双方相互认知和理解的程度（李志远和王雪方，2015），因此，吸收能力越强，表明企业在网络内的关系嵌入越好。

3.1.3 模型假设和符号说明

（1）本节基于网络嵌入视角探究影响同一个创新网络的两个企业合作研发的因素，因此，假定博弈双方所处宏观环境相同，不考虑企业自身条件的差异，企业合作研发只受到合作企业的影响，不受那些没有合作研发的非博弈主体的影响。

（2）双方技术溢出系数为 δ_i、δ_j。根据王丽丽和陈国宏（2016）的研究，当两个企业处于不同网络位置时,双方将毫无保留地为合作研发贡献资源,因此,假设技术溢出系数 δ_i、δ_j 取值均为 1。当两个企业处于相同网络位置时,双方实力相近,彼此为争夺资源存在一定的竞争,因此,假设技术溢出系数 δ_i、δ_j 取值均小于 1。

(3)企业之间的位置势差(h)越大,表明企业之间网络地位的差距越大,获取资源的实力差距也越大,因此,合作双方为促成合作研发需要花费成本弥补差距及整合相关资源,所消耗的规范合作行为的成本(Co_i、Co_j)也就越高。

(4)合作研发投入越大,企业对该项目的期望越大。若合作项目失败,对于高研发投入企业而言,其相关损失也就越大。因此,假设研发投入越大,企业的风险防范意识越强,企业付出的规范合作行为的成本也就越高。

综上,企业规范合作行为的成本可以表示为 $Co_i = hx_ic_i$。其中,c_i 表示单位研发投入支出企业 i 所需要承担的成本,为方便表达,c_i 简称为规范合作行为的单位成本。

(5)在合作研发的过程中,企业的研发投入$(x_i、x_j)$、双方具备的总技术水平(k)符合道格拉斯生产函数(杨东和朱旭,2018),β 代表较高位置企业的研发投入弹性系数,γ 代表较低位置企业的研发投入弹性系数,Q 代表创新产品的市场销量,q 代表企业 i、j 未进行合作研发时市场需求。创新产品的市场销量(Q)函数处于规模报酬递减阶段,所以,$0 < \beta + \gamma < 1$,且 β、$\gamma > 0$。

(6)σ_i($\sigma_i \in (0,1)$)表示企业的吸收能力。σ_i 越趋近于 1,表明企业吸收能力越强。θ_i 表示企业 i 的网络中心度,n 表示网络中的企业个数,$\sum_{i=1}^{n}\sigma_i$ 表示网络内部所有企业的吸收能力总和,$\sum_{i=1}^{n}\theta_i$ 表示网络内部所有企业的中心度的总和。

$a = \dfrac{\sum_{i=1}^{n}\sigma_i}{\sum_{i=1}^{n}\theta_i}$,$a$ 代表网络内平均一个中心度所拥有的吸收能力,a 越趋近于 1,表示创新网络整体的吸收能力越强。

根据张德茗和李艳(2011)的研究,占据网络核心位置的企业通过各种渠道积累丰富的技能及经验,企业拥有的知识存量越多,吸收能力越强,因此,假定两个企业的吸收能力分别表示为 $a\theta_i$、$a\theta_j$($a\theta_i$、$a\theta_j \in (0,1)$)。

(7)出售单位创新产品,两个企业可分别获得边际利润 ρ_i、ρ_j。

3.2 模型求解与分析

3.2.1 不同网络位置企业的合作研发

根据以上假设，企业 i、$j(i \neq j)$ 的利润函数及产量为

$$\pi_i = \rho_i Q - x_i + \delta_j \theta_i a x_j - h x_i c_i \tag{3.1}$$

$$\pi_j = \rho_j Q - x_j + \delta_i \theta_j a x_i - h x_j c_j \tag{3.2}$$

$$Q = q + k x_i^\beta x_j^\gamma \tag{3.3}$$

则两个企业总利润为

$$\begin{aligned}\pi &= \pi_i + \pi_j \\ &= (\rho_i + \rho_j)Q - x_i - x_j + \delta_j \theta_i a x_j + \delta_i \theta_j a x_i - h x_i c_i - h x_j c_j\end{aligned} \tag{3.4}$$

企业 i、企业 j（$i \neq j$）合作研发所追求的是合作利润最大化，因此，对合作利润函数关于各企业研发投入求一阶偏导并令其等于 0：

$$\frac{\partial \pi}{\partial x_i} = (\rho_i + \rho_j) k \beta x_i^{\beta-1} x_j^\gamma - 1 - h c_i + \theta_j a = 0 \tag{3.5}$$

$$\frac{\partial \pi}{\partial x_j} = (\rho_i + \rho_j) k \gamma x_i^\beta x_j^{\gamma-1} - 1 - h c_j + \theta_i a = 0 \tag{3.6}$$

由此，可得不同位置的企业的合作研发投入 x_i、x_j：

$$x_i = \left[k(\rho_i + \rho_j) \left(\frac{\gamma}{1 + h c_j - \theta_i a} \right)^\gamma \left(\frac{\beta}{1 + h c_i - \theta_j a} \right)^{1-\gamma} \right]^{\frac{1}{1-\beta-\gamma}} \tag{3.7}$$

$$x_j = \left[k(\rho_i + \rho_j) \left(\frac{\gamma}{1 + h c_j - \theta_i a} \right)^{1-\beta} \left(\frac{\beta}{1 + h c_i - \theta_j a} \right)^\beta \right]^{\frac{1}{1-\beta-\gamma}} \tag{3.8}$$

观察和计算式（3.7）和式（3.8），发现企业的研发投入 x_i、x_j 关于位置势差（h）、合作规范的单位成本（c_i、c_j）、企业的中心度（θ_i、θ_j）、网络企业平均吸收能力（a）的一阶求导结果具有一致性。由于篇幅有限，仅分析高中心度企业合作研发投入 x_i 与各参数的关系。

命题 3.1：合作研发投入与规范合作行为的单位成本成反比。

证明：

$$\frac{\partial x_i}{\partial c_i} = h\left(\frac{\gamma-1}{1-\beta-\gamma}\right)\left[k(\rho_i+\rho_j)\left(\frac{\gamma}{1+hc_j-\theta_i a}\right)^{\gamma-1}\left(\frac{\beta}{1+hc_i-\theta_j a}\right)^{1-\gamma}\right]^{\frac{\beta+\gamma}{1-\beta-\gamma}}$$

因为 β、$\gamma \in (0,1)$，所以 $\frac{\gamma-1}{1-\beta-\gamma} < 0$。因此，上式只需要判断 $1+hc_j-\theta_i a$ 与 $1+hc_i-\theta_j a$ 的符号即可知道 $\frac{\partial x_i}{\partial c_i}$ 的取值符号。由于 $\theta_i a \in [0,1]$，所以 $\theta_i a < 1$，故 $1+hc_j-\theta_i a > 0$ 恒成立，同理，$1+hc_i-\theta_j a > 0$，因此，$\frac{\partial x_i}{\partial c_i} < 0$。

命题 3.1 表明：在企业合作研发过程中，规范合作行为的成本越低，越有利于促进企业研发投入的增加。良好的关系质量有利于防范机会主义，降低交易成本与合作成本，因此，规范合作行为的成本低说明企业间有较强的信任关系。企业在交易成本和合作成本上占用较少的资源和精力便可以集中主要物力和财力开展技术创新活动、解决合作过程中遇到的难题（Lee and Cavusgil，2006）。由此，在网络化合作创新中网络联盟管理者应努力提升企业之间的关系质量，消除合作过程中的不信任感、机会主义行为等来降低网络合作行为成本，从而推动企业之间加大合作研发的投入。

命题 3.2：合作研发投入随着网络平均吸收能力的提高而增大。

证明：

$$\frac{\partial x_i}{\partial a} = \frac{1}{1-\beta-\gamma}\left\{\begin{array}{l} k(\rho_i+\rho_j)\gamma^\gamma \beta^{1-\gamma}(1+hc_j-\theta_i a)^{-\gamma}(1+hc_i-\theta_j a)^{\gamma-1} \\ \times\left[\gamma\theta_i(1+hc_j-\theta_i a)^{-1}+(1-\gamma)(1+hc_i-\theta_j a)^{-1}\right]\end{array}\right\}^{\frac{\beta+\gamma}{1-\beta-\gamma}}$$

命题 3.1 已证 $1-\gamma > 0$，$1+hc_j-\theta_i a$、$1+hc_i-\theta_j a$ 均大于 0，$1-\beta-\gamma > 0$，因此 $\frac{\partial x_i}{\partial a} > 0$。

命题 3.2 表明，在企业合作研发过程中，网络平均吸收能力能够促进企业研发投入的增加。吸收能力是企业识别及吸收开发环境中的知识的能力，是提高企业创新能力和创新绩效的关键因素，是企业创新成功的重要来源。技术创新网络的吸收能力越强，网络内部企业之间获取、消化、转换和应用知识的能力越强，拥有较强吸收能力的企业通过吸收、转化、整合外部知识降低了企业开展创新活动的不确定性，因此，企业更倾向加大研发投入以促进创新绩效的提升。

命题 3.1 中涉及的规范合作行为的成本及命题 3.2 中涉及的网络吸收能力都强调了网络内部企业之间的相互作用关系。技术创新网络形成的关键在于企业节点之间的相互联系，企业联结既是信息、知识传递的关键渠道，也是信息、知识在扩散过程中创造价值或实现知识增值的价值链（于明洁等，2013）。联结质量对信息和资源交换至关重要，直接影响创新合作的开展和实施（Gilsing，2005）。高质量的联结可以为企业传递高质量的信息和隐性知识，持续推动知识、信息及资源的流动与整合，达成创新的目的（刘学元等，2016），还能够提高创新网络成员间的资源配置效率和效果。因此，在拥有较强的网络联结关系的网络内，企业会更加积极地为合作研发加大投入创新资源。

命题 3.3：合作研发投入随着企业间距离的增大而减小。

证明：

$$\frac{\partial x_i}{\partial h} = \frac{1}{1-\beta-\gamma}\left\{\begin{array}{l}k(\rho_i+\rho_j)\gamma^r\beta^{1-\gamma}(1+hc_j-\theta_i a)^{-\gamma}(1+hc_i-\theta_j a)^{\gamma-1}\\ \times\left[-\gamma c_j(1+hc_j-\theta_i a)^{-1}-(1-\gamma)c_i(1+hc_i-\theta_j a)^{-1}\right]\end{array}\right\}^{\frac{\beta+\gamma}{1-\beta-\gamma}}$$

根据命题 3.1 和命题 3.2 的证明过程，易得 $-\gamma c_j(1+hc_j-\theta_i a)^{-1}<0$，$-(1-\gamma)c_i(1+hc_i-\theta_j a)^{-1}<0$。因此，等式右边小于 0，即 $\frac{\partial x_i}{\partial h}<0$。

命题 3.3 说明网络位置越相近的企业开展创新合作就越有可能加大合作研发的投入。对于位置相同或者相近的企业而言，它们在创新能力方面具有相似性，更利于知识、技术的吸收、整合，这将一定程度地降低合作过程中存在的不确定性，消除企业的顾虑和负担（江志鹏等，2018）。对于位置差距大的企业而言，它们在技术水平、创新能力、资源获取等方面悬殊较大，企业之间的信息不对称程度较高。为降低合作风险和损失，企业往往会控制自己的研发投入。对于中心度较低的企业而言，与高中心度的企业合作会加剧企业的负担，由于地位的差异还可能需要做出一定的让步和利益牺牲，进而抑制企业的创新热情，故企业之间的网络位置越接近，它们为合作创新可能有更大的研发投入。

命题 3.4：合作研发投入随着企业的网络中心度的提高而增大。

证明：

$$\frac{\partial x_i}{\partial \theta_i} = \frac{\gamma}{1-\beta-\gamma}\left[k(\rho_i+\rho_j)\gamma^r\beta^{1-\gamma}(1+hc_j-\theta_i a)^{-\gamma-1}(1+hc_i-\theta_j a)^{\gamma-1}\right]^{\frac{\beta+\gamma}{1-\beta-\gamma}}$$

命题 3.1 已证 $1+hc_j-\theta_i a$、$1+hc_i-\theta_j a$ 均大于 0，$1-\beta-\gamma>0$。因此，等式右边大于 0，即 $\frac{\partial x_i}{\partial \theta_i}>0$。

命题 3.4 表明，在合作过程中，网络中心度有利于促进企业的研发投入。高位置企业往往拥有较多收集信息渠道、更丰富的专业知识资源，更容易成为信息和资源的分配中心，快速获取大量的高质量信息并能有效解读其价值。更多的知识和信息有利于高质量创新产出，易于吸引其他企业采用它们的创新（Foss，2011）。同时，核心企业所拥有的广泛资源能够帮助企业了解和掌握所处市场动态和行业变化，降低创新成本和风险，提升决策水平和创新能力，能为公司提供更优质的建议和咨询服务。因此，网络核心位置企业在合作中研发投入的积极性相对较高（马连福等，2016）。高中心度能够促进企业之间的知识流动，信息交流网络的中心性提供了寻找新颖组合和探索新技术的机会，因此有利于提高合作创新的信心。

命题3.3中涉及的位置势差及命题3.4中涉及的企业网络位置都强调了网络结构性嵌入对企业合作研发投入的影响（马连福等，2016；Gonzalez et al.，2014）。良好的网络结构为成员企业提供良好的学习平台，有利于企业发挥自身优势、吸收和转化网络中的知识资源。当企业间信息交换的频率更高，获取信息的速度更快时，企业在技术和产品研发信息的获取上具有一定的先导性，因此，开展研发活动的积极性也更高。

3.2.2　相同网络位置企业的合作研发

相同网络位置企业合作研发模型中，主要参数假定及说明如下。

（1）两个企业的中心度相等，即 $\theta_i = \theta_j = \theta$。

（2）处于相同网络位置的企业在网络中的地位和实力较接近，因此假设规范合作行为的成本也相同，即 $c_i = c_j = c$。

（3）由于两个企业处于相同位置，企业间除了合作还可能有竞争，即两者是竞合关系，故各企业为保持竞争优势并不选择完全溢出，即 $\delta_i \neq 1$，$\delta_j \neq 1$。

（4）当企业间位置势差为0时，风险中性的企业为降低损失，在合作过程中仍需付出一定的规范合作行为的成本（Co_i、Co_j）。该合作规范成本除了与企业合作研发投入的大小有关外，还与市场竞争程度 $(\zeta \in (0,1))$ 有关。市场竞争程度越激烈，企业在合作过程中出现投机行为的可能性越大，企业为控制投机行为所需付出的成本越高。

根据上述条件，构建企业 i、$j(i \neq j)$ 的利润函数如下：

$$\pi_i = \rho_i Q - x_i + \theta a x_j \delta_i - x_i c \zeta \quad (3.9)$$

$$\pi_j = \rho_j Q - x_j + \theta a x_i \delta_j - x_j c \zeta \quad (3.10)$$

$$Q = q + k x_i^\beta x_j^\gamma \quad (3.11)$$

合作研发利润为

$$\pi = \pi_i + \pi_j = (\rho_i + \rho_j)Q - x_i - x_j + \theta a x_j \delta_i + \theta a x_i \delta_j - x_i c \zeta - x_j c \zeta \quad (3.12)$$

两个企业合作研发所追求的是合作利润最大化，其均衡结果是一个子博弈纳什均衡，可以采用逆向归纳法求解。求解过程与不同网络位置企业的合作研发过程相同，即合作利润分别对 x_i、x_j 求导后并令其等于 0：

$$\begin{cases} \dfrac{\partial \pi}{\partial x_i} = (\rho_i + \rho_j) k \beta x_i^{\beta-1} x_j^{\gamma} - 1 - c\zeta + \theta a \delta_i = 0 \\ \dfrac{\partial \pi}{\partial x_j} = (\rho_i + \rho_j) k \beta x_i^{\beta-1} x_j^{\gamma} - 1 - c\zeta + \theta a \delta_j = 0 \end{cases} \quad (3.13)$$

由此，可得相同网络位置的企业的合作研发投入 x_i、x_j：

$$\begin{cases} x_i = \left[k(\rho_i + \rho_j) \left(\dfrac{\gamma}{1+c\zeta-\theta a \delta_i} \right)^{\gamma} \left(\dfrac{\beta}{1+c\zeta-\theta a \delta_i} \right)^{1-\gamma} \right]^{\frac{1}{1-\beta-\gamma}} \\ x_j = \left[k(\rho_i + \rho_j) \left(\dfrac{\gamma}{1+c\zeta-\theta a \delta_j} \right)^{\beta} \left(\dfrac{\beta}{1+c\zeta-\theta a \delta_j} \right)^{1-\beta} \right]^{\frac{1}{1-\beta-\gamma}} \end{cases} \quad (3.14)$$

以企业 i 为例，对合作研发投入 x_i 进行详细分析，即 x_i 关于 ζ、δ_j、c、a、θ 求一阶导数，结果如下：

$$\dfrac{\partial x_i}{\partial \zeta} = \dfrac{-c}{1-\beta-\gamma} \left[k(\rho_i+\rho_j) \gamma^{\gamma} \beta^{1-\gamma} (1+c\zeta-\theta a \delta_i)^{-2} \right]^{\frac{\beta+\gamma}{1-\beta-\gamma}} \quad (3.15)$$

$$\dfrac{\partial x_i}{\partial \delta_j} = \dfrac{\theta a}{1-\beta-\gamma} \left[k(\rho_i+\rho_j) \gamma^{\gamma} \beta^{1-\gamma} (1+c\zeta-\theta a \delta_i)^{-2} \right]^{\frac{\beta+\gamma}{1-\beta-\gamma}} \quad (3.16)$$

$$\dfrac{\partial x_i}{\partial c} = \dfrac{-\zeta}{1-\beta-\gamma} \left[k(\rho_i+\rho_j) \gamma^{\gamma} \beta^{1-\gamma} (1+c\zeta-\theta a \delta_i)^{-2} \right]^{\frac{\beta+\gamma}{1-\beta-\gamma}} \quad (3.17)$$

$$\dfrac{\partial x_i}{\partial a} = \dfrac{\theta \delta_i}{1-\beta-\gamma} \left[k(\rho_i+\rho_j) \gamma^{\gamma} \beta^{1-\gamma} (1+c\zeta-\theta a \delta_i)^{-2} \right]^{\frac{\beta+\gamma}{1-\beta-\gamma}} \quad (3.18)$$

$$\dfrac{\partial x_i}{\partial \theta} = \dfrac{a \delta_i}{1-\beta-\gamma} \left[k(\rho_i+\rho_j) \gamma^{\gamma} \beta^{1-\gamma} (1+c\zeta-\theta a \delta_i)^{-2} \right]^{\frac{\beta+\gamma}{1-\beta-\gamma}} \quad (3.19)$$

以式（3.15）及式（3.16）为例，其符号证明如下。

首先，由命题 3.1 的相关证明可知，$\dfrac{\partial x_i}{\partial \zeta}$ 等式右边中 k、ρ_i、ρ_j、γ、β、$(1+c\zeta-\theta a \delta_i)^{-2}$ 皆大于 0，由此，可以判断出 $\left[k(\rho_i+\rho_j) \gamma^{\gamma} \beta^{1-\gamma} (1+c\zeta-\theta a \delta_i)^{-2} \right]^{\frac{\beta+\gamma}{1-\beta-\gamma}}$ >0。其次，$1-\beta-\gamma>0$，$c>0$，易得 $\dfrac{-c}{1-\beta-\gamma}<0$。综上所述，式（3.15）右边

小于 0，即 $\frac{\partial x_i}{\partial \zeta}<0$。同理，在式（3.16）中，易得 $\frac{\theta a}{1-\beta-\gamma}>0$，已证 $\left[k(\rho_i+\rho_j)\gamma^\gamma \beta^{1-\gamma}(1+c\zeta-\theta a\delta_i)^{-2}\right]^{\frac{\beta+\gamma}{1-\beta-\gamma}}>0$，所以式（3.16）右边大于 0，即 $\frac{\partial x_i}{\partial \delta_j}>0$。

式（3.17）~式（3.19）的证明过程相似，由于篇幅所限，不做详细证明，其结论为 $\frac{\partial x_i}{\partial c}<0$、$\frac{\partial x_i}{\partial a}>0$、$\frac{\partial x_i}{\partial \theta}>0$。

综上可知：在相同网络位置企业博弈情形下，合作研发投入与规范合作行为的单位成本及市场的竞争程度均成反比，与企业平均吸收能力、企业中心度及技术溢出成正比。

3.3 算例分析

为了能够更加直观地分析企业合作研发投入对于关键参数的敏感性情况及网络整体利润函数的变化趋势，接下来通过对外生变量赋值对上述研究结论进行数值模拟分析。根据 3.2 节的研究设定各参数值：吸收能力越强，a 的取值越趋近于 1；合作企业的位置势差越大，h 的取值越趋近于 1；企业之间的技术溢出效应越大，δ_i 越趋近于 1；合作伙伴之间的竞争程度越大，ζ 越趋近于 1，c_i 控制在 10 个单位以内以降低数据变动过大对研发投入的影响。参考杨东和朱旭（2018）的做法，分别设定 k、q、β、γ、ρ 的取值，如表3.1所示。

表 3.1 各参数数值及范围的设置

δ_i	$\delta_i \in [0,1]$	ζ	$\zeta \in [0,1]$
k	$k=0.8$	a	$a \in [0,1]$
q	$q=0.5$	h	$h \in (0,1]$
c_i	$c_i \in [1,10]$	θ_i	$\theta_i \in [0,1]$
ρ	$\rho_i = 1.2$	β	$\beta = 0.4$
	$\rho_j = 0.8$	γ	$\gamma = 0.2$

本章主要探究规范合作行为的单位成本、企业平均吸收能力、企业中心度、位置势差以及相同网络位置合作研发中的技术溢出和市场竞争程度这几个主要变量对企业合作研发投入的影响，因此，首先给定 k、q、β、γ、ρ 的取值，其次固定其他主要变量，只改变其中一个主要变量的取值，观察企业合作研发投入和合作利润的变化趋势。主要参数的变动是在表 3.1 提供的参数范围内通过赋予最小有效初始值，

借助 C++循环、累加运算，由此得到因变量的结果，仿真结果如图 3.1 所示。

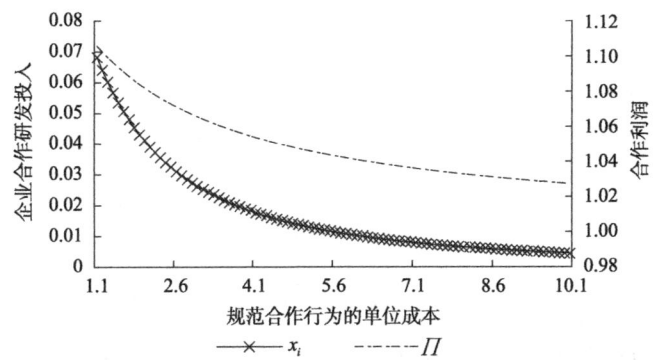

图 3.1 规范合作行为的单位成本对企业合作研发投入、合作利润的影响

由图 3.1 可以看出，规范合作行为的单位成本越低，越有利于促进企业合作研发投入的增加，同时也越有利于合作利润的增加。企业合作研发投入的变化趋势要快于合作利润的变化，这意味着在合作过程中研发投入相比合作利润对规范合作行为的单位成本的反应更加灵敏。

图 3.2 的仿真结果验证了企业合作研发投入与网络平均吸收能力存在正向相关关系。在网络化合作创新环境下，网络主体之间的平均吸收能力越强，则网络主体为合作创新的研发投入越大。随着网络平均吸收能力的增高，合作利润也随之增大，且增速比研发投入要快。

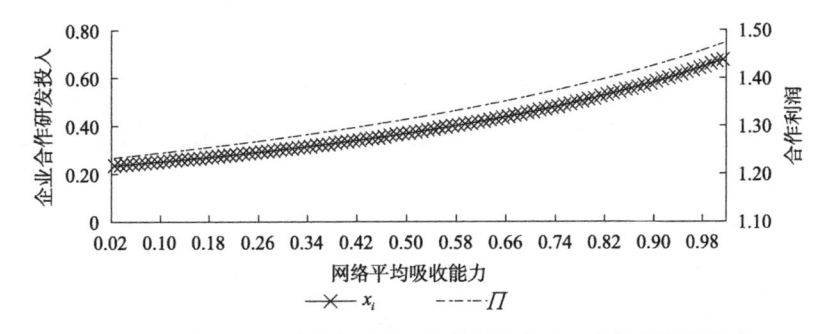

图 3.2 网络平均吸收能力对企业合作研发投入、合作利润的影响

结合图 3.3 可以看出，在合作过程中，随着合作企业之间的位置势差增大，企业合作研发投入及合作利润均下降。当企业之间的位置势差足够大时，企业合作研发投入趋向于 0。由此可见，网络主体之间过大的距离将影响其合作研发行为。

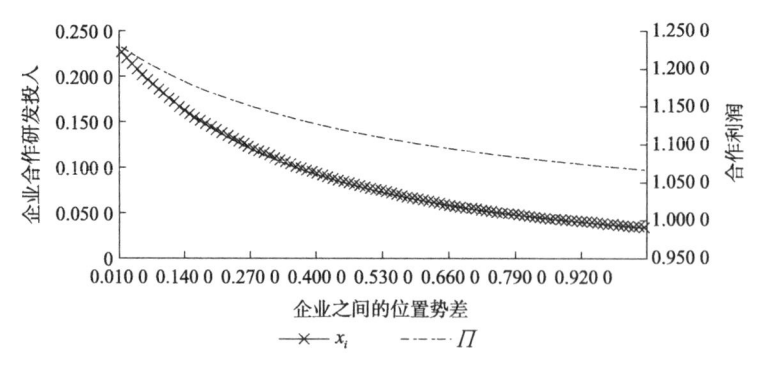

图 3.3　企业之间的位置势差对企业合作研发投入、合作利润的影响

从图 3.4 可以看出，企业中心度对于企业合作研发投入及合作利润都存在促进作用，这说明处于网络中心位置的企业能够利用其位置优势管理外部资源，促进合作联盟的研发。

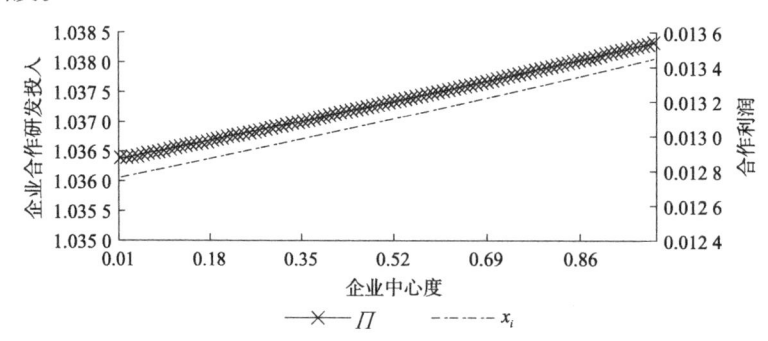

图 3.4　企业中心度对企业合作研发投入、合作利润的影响

从图 3.5 可以看出，在合作状态下，随着企业之间的技术溢出的增加，企业合作研发投入和合作利润都随之增长，这验证了相同位置企业间的合作研发与技术溢出之间存在正相关关系。

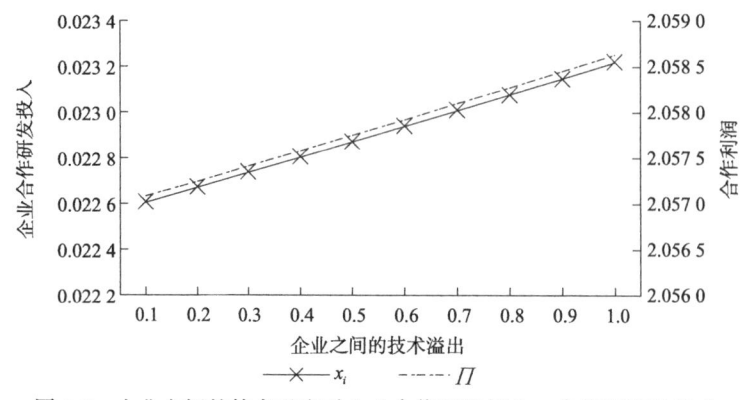

图 3.5　企业之间的技术溢出对企业合作研发投入、合作利润的影响

从图 3.6 可以看出，在合作状态下合作企业之间的竞争程度越小，越有利于企业合作研发投入和合作利润的提升，这验证了相同位置企业间的合作研发与合作企业之间的竞争程度之间存在负相关关系，该状态下的企业合作研发投入对企业之间的技术溢出的敏感度大于合作利润的敏感度。

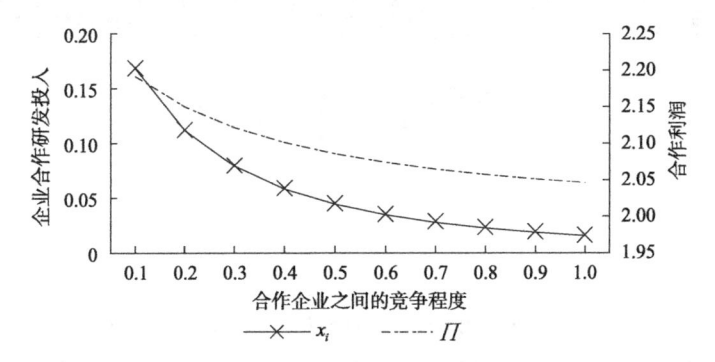

图 3.6　合作企业之间的竞争程度对企业合作研发投入、合作利润的影响

从关系嵌入和结构嵌入两个维度探讨网络嵌入对企业合作研发投入的影响，结果表明企业研发投入受到多个网络变量的影响，因此，对于研发投入的结果变量即创新绩效而言，不是简单的受网络嵌入的正向影响还是负向影响，应该考虑研发投入这一变量的中介作用。这一研究结果有助于揭示嵌入悖论的原因，也拓展了网络嵌入与企业创新研究的新视野；已有文献对企业研发投入影响因素的研究主要考虑企业内部因素、外部政策及行业环境等方面，选择组织间相互社会关系的视角研究网络要素对企业研发投入的作用，丰富和发展了研发投入的相关理论，为管理者实施创新活动提供了理论指导。研究结果能够指导政府部门、网络联盟管理者及企业有效部署组织关系活动以促进企业提高研发投入。

第4章 考虑网络位置的企业研发竞争博弈分析

研发投入是企业在激烈的市场竞争中维持可持续开发能力的基础和支撑，因此，企业研发投入影响因素的研究成为企业创新研究最重要的议题。部分学者从高阶理论出发，研究发现技术独立董事、高管学历、任期、技术经验、政治关联（刘中燕和周泽将，2020；Marvel and Lumpkin，2007）及管理者权力（柯东昌和李连华，2020）等企业高管特征均对企业创新决策产生重要影响，还有部分学者基于制度观和企业外部环境视角，研究了政府补贴（程华和张志英，2020）、经济政策不确定性（顾群等，2020）及公开上市（李丹蒙等，2019）的影响。无论是微观层面的企业高管特征还是宏观层面的外部环境都不同程度地影响着企业对创新资源的获取，从而为企业研发决策提供依据，可见，创新资源是影响企业创新决策的关键。为提升市场竞争能力，大多数企业还通过与外部组织建立联系并逐渐嵌入复杂的社会网络获取更多的创新资源，Bell（2005）研究发现，如果可以占据良好的网络位置，企业在信息整合、知识获取、资源管理等各个方面就能取得较好的竞争优势。黄中伟和王宇露（2008）认为处于核心的网络位置意味着该企业与其他创新主体保持着更密切的关系，网络位置因此可以被视为企业重要的社会资本，可见，网络位置因此也成为影响企业创新决策的另一个重要因素。

梳理文献发现，虽然已有学者基于网络视角研究企业创新的影响机制，但是这些研究大多使用实证方法，研究的理论基础主要基于资源依赖理论和代理理论。基于资源依赖理论的研究表明网络中心度及结构洞均显著正向影响企业研发投入（Martin et al.，2015；宋力和张豪，2015；马连福等，2016），然而，基于代理理论的研究却得出不同的结论（严若森等，2018；綦勇等，2017）。根据代理理论，企业的决策计划是由决策者制订的，决策者必然会根据自身的利益进行决策。考虑到创新项目不能立竿见影产生利润，甚至可能缩减企业利润，一些决策者在做创新决策时倾向采取保守的态度。虽然优良的网络位置能够带来丰富的创新资源，但这些资源可能被投入能够帮助企业快速获得利润的项目，或者不被利用以免由于创新带来损失。以上两种观点均承认网络位置能够给企业带来优势，能够吸引更加优质的合作伙伴和潜在的创新资源，然而，关于网络嵌入与企业研发投入的研究，两种视角所得结论不尽相同，甚至出现悖论。

已有关于网络嵌入与企业研发投入关系的研究大多运用实证方法，主要依靠调查问卷获取网络嵌入的数据，但是，多数的调查从业人员普遍认为问卷调查中数据的准确性和真实性受制于被调查者的动机，问卷的数据质量不好控制。从调查者的角度来看，基于不同理论视角开展实证研究所设计的问卷题项可能不同，因此，问卷回答的情况也必然受到影响。另外，从已有实证研究关于网络位置题项的设计来看，大多数学者仅考虑企业自身的网络位置，实际上，网络环境下不同创新主体的创新决策受到企业自身及竞争企业的共同影响，因此，要揭示网络环境对企业创新决策的规律需要创新研究方法，同时还要综合考虑企业自身和竞争企业的网络位置。

网络环境下企业之间研发竞争是企业占据市场、获取竞争地位，同时又消耗企业资源的博弈过程。这部分考虑同一创新网络内两家企业生产同质产品并开展研发竞争的情形，根据企业不同的网络位置优势即中心度位置优势和结构洞位置优势分别建立博弈模型，探究企业自身和竞争企业的不同网络位置对企业研发投入的影响，最后通过数值算例验证理论推导的结果。

4.1　问题描述及模型构建

4.1.1　问题描述

网络化创新发展环境下，多数企业都主动或者被动加入企业网络中，不同的网络位置能够为企业带来信息资源，有助于企业控制信息或者充当信息中介。从已有的研究来看，多数学者用中心度、结构洞这两个参数来描述网络位置。Wasserman 和 Faust（1994）认为中心度可以反映出企业在网络位置的中心程度，也可以表征在网络中企业获取资源的能力及对资源控制的程度。徐建中和徐莹莹（2015）从特性出发对中心度做出解释，强调企业与其他创新主体直接联系的特性。不同于中心度，结构洞则更加关注中介联系。孙笑明等（2014）认为网络中两个不存在直接联系的创新主体必须通过第三个主体才能实现联系，那么这第三个主体就是结构洞。

根据以上分析，不同的网络位置优势可以分别表述为中心度位置优势和结构洞位置优势。当两家企业达成直接合作关系时，会形成企业间的直接联系，而这种直接联系越多就代表着企业的中心度越高；当两家企业要进行信息交流或者合作必须通过第三家企业时，第三家企业起着信息交流的桥梁作用，其所处位置优势即结构洞位置优势。

假设在某细分市场上有两家技术创新型企业，它们处于同一创新网络，两家企业生产同质产品，现决定开发同一类型的新产品以扩大利润。为了更加清晰地表达两家企业，本章将焦点企业设为企业 i，竞争企业设为企业 j，接下来根据企业所处位置分别构建博弈模型。

4.1.2 模型构建

1. 中心度位置条件

居于网络中心位置的企业相比较其他网络成员更易于获取网络中的创新资源，及时、准确的创新资源有利于提高企业创新决策的准确性。网络中心度位置有不同的测量方法，Freeman（1979）最先提出程度中心度、接近中心度和中介中心度三种方法，其中，程度中心度最适合用于测量个体获取外部直接知识和信息的能力。程度中心度是指网络中与企业有直接连接关系的其他企业数目，程度中心度越高，表明企业越靠近网络中心（史金艳等，2019）。因此，本章以程度中心系数来衡量企业在网络中的中心度位置。接下来对各研究假设及相关符号加以说明。

（1）程度中心系数 H_{i1} 定义为与企业 i 直接相连的企业数量与网络范围全部企业数量的比值，$H_{i1} \in (0,1]$。当 H_{i1} 趋近于 0 时，表示企业 i 与网络内部很少企业建立联系；当 H_{i1} 趋近于 1 时，表示企业 i 与网络内部大部分企业都有合作关系，该企业位于网络的核心位置。

（2）参考张汉江等（2008）、潘小军等（2008）的研究，设市场的逆需求函数为 $p = a - q_i - q_j$，其中，a 表示市场规模，$a > 0$；q_i、q_j 分别代表企业 i 和企业 j 的产量。

（3）假定两家企业都无固定成本，研发一定能够取得成功，研发成功表现为企业由于增加创新投入可以达到削减产品边际生产成本的目的。以 x_i 表示研发投资对边际成本减少的贡献。此外，网络范围内企业的技术创新具有外溢性，因此，企业产品的边际生产成本除了受本企业创新的影响外，还会受到其他企业技术外溢的影响。也就是说，当两家企业都增加研发投入时，那么企业 i 的边际生产成本为 $c_i = T - x_i - \beta x_j$，其中，$T$ 为企业生产产品的原始边际生产成本；β 为企业的技术溢出系数。

借鉴熊麟等（2013）、张汉江等（2008）的相关研究，定义 $a \gg T$。同时，由于创新投资边际收入存在递减现象，参考刘志迎和李芹芹（2012）的研究，假设企业 i 的创新投资成本函数为 $C_1 = \dfrac{\gamma x_{i1}^2}{2}$，其中，$\gamma$ 可反向测量企业的创新活动效率，γ 越小说明其活动效率越高，为简化计算，令 $\gamma = 1$。

（4）根据严若森等（2018）的研究，随着网络中心度的提高，企业对外部信息和新知识的吸收能力也会增强并进一步提高新产品的产出。中心度高的企业有机会与网络内的其他企业建立多重联系，提高企业间相互交流的频率，改善网络关系质量，并增强企业之间的资源承诺（Rowley et al., 2000）。在高频率互动及高水平资源承诺的双重支持下，位于中心的企业可以更了解其他企业的运营情况，从而提高企业对溢出成果的利用率（Larson, 1992），据此可知，中心度位置优势能够为企业节约创新成本。参照蔡猷花等（2021）的研究，βx_{j1} 代表企业 j 单位产品的技术溢出程度，$H_{i1} \beta x_{j1}$ 代表企业 i 由于中心度优势吸收企业 j 技术溢出带来的单位产品成本节约程度，故假设中心度位置优势给企业带来的成本节约效益为 $H_{i1} \beta x_{j1} q_{i1}$。

综上，由于企业的研发投入、网络范围内企业之间的技术溢出及企业所处网络的中心度位置优势的共同作用，企业 i 的生产成本为 $\left[T - x_{i1} - (1 + H_{i1}) \beta x_{j1}\right] q_{i1}$，那么，企业 i 和企业 j 的利润函数分别为

$$\pi_{i1} = \left\{a - q_{i1} - q_{j1} - \left[T - x_{i1} - (1 + H_{i1}) \beta x_{j1}\right]\right\} q_{i1} - \dfrac{x_{i1}^2}{2} \tag{4.1}$$

$$\pi_{j1} = \left\{a - q_{i1} - q_{j1} - \left[T - x_{j1} - (1 + H_{j1}) \beta x_{i1}\right]\right\} q_{j1} - \dfrac{x_{j1}^2}{2} \tag{4.2}$$

2. 结构洞位置条件

处于结构洞位置的企业会更加注重识别和获取异质性信息，通过结构洞还可以扩大与各种类型企业合作的机会。对于网络结构洞位置的衡量，目前有四种不同的测量方法（Burt, 1992），其中以限制度来衡量结构洞位置获得了学界的广泛认同。

限制度主要是通过测量个体在网络中的受限情况进而衡量个体在网络中占有结构洞的程度。这一指标的使用可以有效地测算出个体在网络中占有结构洞的匮乏程度，若限制度越高，则说明企业越处于冗余的网络关系中，那么企业位于网络结构洞位置程度也就越低。相反地，若限制度越低，则说明企业越处于非冗余的网络关系中，该企业占据着网络中更多的结构洞位置。企业受到的制约越少，表明该企业网络结构洞就越丰富。由此，采用限制度这一指标来衡量企业网络结

构洞位置。

Burt（1992）提出的限制度计算公式：$C_i = \sum_{i \neq j} \left| P_{ij} + \sum_{i \neq j, k} \left(P_{ik} P_{jk} \right) \right|$，其中，$P_{ik}$表示企业$i$到企业$j$的直接关系强度；$\sum_{i \neq j, k} \left(P_{ik} P_{jk} \right)$表示企业$i$通过$k$路径到企业$j$的所有非直接关系的强度之和；$P_{ij}$与非直接关系强度$\sum_{i \neq j, k} \left(P_{ik} P_{jk} \right)$相加后的平方项表示企业$i$因为企业$j$而受到限制的程度。将企业$i$因为网络中所有其他企业而受到的限制程度进行加总，得到C_i，即C_i表示企业i在社会网络中受到的总限制（严若森等，2018）。根据Burt（1992）提出的限制度计算公式，限制度最小值为P_{ij}^2，当i中介联系的网络成员足够多时，P_{ij}^2可无限接近于0，但取不到0，即$0 < H_{i2} \leqslant 1$。同理，$0 < H_{j2} \leqslant 1$。

严若森等（2018）用1减去限制度指数的差值即H_{i2}来衡量结构洞的丰富程度，H_{i2}最小值取到0即限制度边界值取到1，该边界值符合刘军（2009）对限制度的解析。

结构洞的"中介性"能够带来异质性信息，因此，结构洞对企业研发投入具有重要影响。但是，不同结构洞位置企业彼此互不了解对方掌握的异质性信息，究竟竞争企业结构洞所带来的异质性信息是否对本企业的研发决策造成影响及何种影响难以一概而论。因此，本章仅考虑企业自身的结构洞对其研发投入的影响。

根据顾新等（2011）的研究，企业拥有冗余信息及冗余知识越少，其管理重复知识的成本就越低。企业结构洞越丰富，越能通过中介联系接触到各类异质性信息，这些异质性信息能够有效降低企业处理同质化信息的成本。此外，排除冗余联系的企业还可以将有限的资源和管理精力投到那些有价值的联系（Soda et al., 2004）；反之，企业结构洞越不丰富（意味着结构洞限制度越高），其面临冗余联系的困扰程度越高，需要耗费更多成本用于企业联系及处理重复信息。另外，参考刘志迎和李芹芹（2012）提出的创新投资成本函数，结构洞条件下企业i的创新投资成本为$C_1 = \dfrac{\gamma x_{i1}^2}{2}$。因此，综合上述学者的研究观点，此处提出假设：由于没有占据结构洞位置，企业需要耗费更多成本处理冗余信息，由此增加的成本为$C_2 = \dfrac{\gamma H_{i2} x_{i2}^2}{2}$，于是，在结构洞位置条件下，企业$i$的总成本为$\dfrac{(1+H_{i2}) x_{i2}^2}{2}$，那么，企业$i$和企业$j$的利润函数分别为

$$\pi_{i2} = \left[a - q_{i2} - q_{j2} - \left(T - x_{i2} - \beta x_{j2} \right) \right] q_{i2} - \dfrac{(1+H_{i2}) x_{i2}^2}{2} \qquad (4.3)$$

$$\pi_{j2} = \left[a - q_{i2} - q_{j2} - \left(T - x_{j2} - \beta x_{i2}\right)\right]q_{j2} - \frac{(1+H_{j2})x_{j2}^2}{2} \quad (4.4)$$

为使得模型表述方便，相关重要变量符号说明如表 4.1 所示。

表 4.1 相关符号及说明

符号	含义
x_{i1}, x_{j1}	企业 i、企业 j 在中心度条件下的研发投入
x_{i2}, x_{j2}	企业 i、企业 j 在结构洞条件下的研发投入
q_{i1}, q_{j1}	企业 i、企业 j 在中心度条件下的产量
q_{i2}, q_{j2}	企业 i、企业 j 在结构洞条件下的产量
H_{i1}, H_{j1}	企业 i、企业 j 的网络中心度水平
H_{i2}, H_{j2}	企业 i、企业 j 的限制度系数
T	企业的原始边际生产成本
p	产品销售价格
β	技术溢出水平

4.2 模型求解及分析

4.2.1 中心度位置条件

在研发竞争的情况下，企业会根据自身的利益最大化进行决策，选择最佳的研发投入和研发产出。博弈包括两个阶段：第一阶段，企业自主选择合适的研发投入；第二阶段，企业确定最终产品的产量。在求解博弈均衡解中本节采用逆向归纳法。

1. 竞争第二阶段：企业选择最优产量

两家企业均以实现自身利润最大化为目标，在生产阶段进行古诺产量竞争。企业 i、j 的目标利润函数为

$$\max \pi_{i1} = \pi_{i1} = \left\{a - q_{i1} - q_{j1} - \left[T - x_{i1} - (1+H_{i1})\beta x_{j1}\right]\right\}q_{i1} - \frac{x_{i1}^2}{2} \quad (4.5)$$

$$\max \pi_{j1} = \pi_{j1} = \left\{a - q_{i1} - q_{j1} - \left[T - x_{j1} - (1+H_{j1})\beta x_{i1}\right]\right\}q_{j1} - \frac{x_{j1}^2}{2} \quad (4.6)$$

在研发竞争状态下，两家企业均追求利润最大化，因此，对两家企业的利润关于产量求一阶偏导并令其等于 0，即

$$\begin{cases} \dfrac{\partial \pi_{i1}}{\partial q_{i1}} = a - q_{j1} - 2q_{i1} - \left[T - x_{i1} - (1+H_{i1})\beta x_{j1}\right] = 0 \\ \dfrac{\partial \pi_{j1}}{\partial q_{j1}} = a - 2q_{j1} - q_{i1} - \left[T - x_{j1} - (1+H_{j1})\beta x_{i1}\right] = 0 \end{cases} \quad (4.7)$$

由式（4.7）解得

$$q_{i1} = \dfrac{1}{3}\left(a - T + 2x_{i1} - x_{j1} - \beta x_{i1} - \beta H_{j1} x_{i1} + 2\beta x_{j1} + 2\beta H_{i1} x_{j1}\right) \quad (4.8)$$

$$q_{j1} = \dfrac{1}{3}\left(a - T + 2x_{j1} - x_{i1} - \beta x_{j1} - \beta H_{i1} x_{j1} + 2\beta x_{i1} + 2\beta H_{j1} x_{i1}\right) \quad (4.9)$$

那么，Π_{i1}^*、Π_{j1}^* 可以写成：

$$\Pi_{i1}^* = q_{i1}^2 - \dfrac{x_{xi}^2}{2} \quad (4.10)$$

$$\Pi_{j1}^* = q_{j1}^2 - \dfrac{x_{ji}^2}{2} \quad (4.11)$$

2. 竞争第一阶段：企业选择最优研发投入

两家企业各自确定研发水平以实现自身利润最大化为目标，因此，对两家企业的利润关于研发投入求一阶偏导并令其等于 0，即

$$\begin{cases} \dfrac{\partial \Pi_{i1}^*}{\partial x_{i1}} = 0 \\ \dfrac{\partial \Pi_{j1}^*}{\partial x_{j1}} = 0 \end{cases} \Rightarrow \begin{cases} 2q_{i1}\dfrac{\partial q_{i1}}{\partial x_{i1}} - x_{i1} = 0 \\ 2q_{j1}\dfrac{\partial q_{j1}}{\partial x_{j1}} - x_{j1} = 0 \end{cases} \quad (4.12)$$

$$\dfrac{\partial q_{i1}}{\partial x_{i1}} = \dfrac{\partial \left[\dfrac{1}{3}\left(a - T + 2x_{i1} - x_{j1} - \beta x_{i1} - \beta H_{j1} x_{i1} + 2\beta x_{j1} + 2\beta H_{i1} x_{j1}\right)\right]}{\partial x_{i1}} = \dfrac{1}{3}(2 - \beta - H_{j1}\beta)$$

$$(4.13)$$

为方便求解和展开讨论，本章考虑对称情况，即 $x_{i1} = x_{j1}$，此时两家企业进行完全信息对称博弈，通过求解得到 x_{i1}^* 的表达式：

$$x_{i1}^* = \dfrac{2(a-T)(-2+\beta+H_{j1}\beta)}{-5+(2-6H_{j1}+8H_{i1})\beta+2(1+H_{j1})(-1+H_{j1}-2H_{i1})\beta^2} \quad (4.14)$$

为保证在最优研发水平时企业利润函数存在最大值，需要保证二元函数式（4.10）和式（4.11）有极大值。

令 $f(x_{i1}, x_{j1}) = \prod_{i1}(x_{i1}, x_{j1}) = q_{i1}^2 - \dfrac{x_{i1}^2}{2}$，要使得 $f(x_{i1}, x_{j1})$ 存在极大值，需要满足 $B^2 - DC > 0$ 且 $D < 0$。

$$\begin{cases} D = f''_{x_{i1}x_{i1}} = -1 + \dfrac{2}{9}\left(2 - \beta - \beta H_{j1}\right)^2 \\ B = f''_{x_{i1}x_{j1}} = \dfrac{2}{9}\left(2 - \beta - \beta H_{j1}\right)\left(-1 + 2\beta + 2\beta H_{i1}\right) \\ C = f''_{x_{j1}x_{j1}} = \dfrac{2}{9}\left(-1 + 2\beta + 2\beta H_{i1}\right)^2 \end{cases} \quad (4.15)$$

计算可得 $B^2 - DC = \dfrac{2}{9}\left[1 - 2(1 + H_{i1})\beta\right]^2$，易知 $B^2 - DC > 0$，当 $D < 0$ 时，利润函数 π_{i1} 关于 x_{i1} 便有极大值，该条件即 $D = -1 + \dfrac{2}{9}\left(2 - \beta - \beta H_{j1}\right)^2 < 0$。在该模型的分析过程中，为了保证最优研发投入的存在，假设该条件一直存在。

在对称情况下，式（4.8）可以简写成

$$q_{i1}^* = \dfrac{a - T + \left(1 + \beta H_{j1} + 2\beta H_{i1}\right)x_{i1}}{3} \quad (4.16)$$

由式（4.10）、式（4.14）、式（4.16）解得研发竞争时两家企业的均衡利润为

$$\prod_{i1}^{N^*} = \dfrac{\left[1 + 8(1 + H_{j1})\beta - 2(1 + H_{j1})^2 \beta^2\right](a - T)^2}{\left[-5 + \left(2 - 6H_{j1} + 8H_{i1}\right)\beta + 2(1 + H_{j1})(-1 + H_{j1} - 2H_{i1})\beta^2\right]^2} \quad (4.17)$$

4.2.2 结构洞位置条件

两家企业均以实现自身利润最大化为目标，在生产阶段进行古诺产量竞争。企业 i、j 的目标利润函数为

$$\pi_{i2} = \left[a - q_{i2} - q_{j2} - (T - x_{i2} - \beta x_{j2})\right]q_{i2} - \dfrac{(1 + H_{j1})x_{j1}^2}{2} \quad (4.18)$$

$$\pi_{j2} = \left[a - q_{i2} - q_{j2} - (T - x_{j2} - \beta x_{i2})\right]q_{j2} - \dfrac{(1 + H_{j2})x_{j2}^2}{2} \quad (4.19)$$

1. 竞争第二阶段：企业选择最优产量

在研发竞争状态下，两家企业均追求利润最大化，因此，对两家企业的利润关于产量求一阶偏导并令其等于 0，即

$$\begin{cases} \dfrac{\partial \pi_{i2}}{\partial q_{i2}} = a - 2q_{i2} - q_{j2} - T + x_{i2} + \beta x_{j2} = 0 \\ \dfrac{\partial \pi_{j2}}{\partial q_{j2}} = a - q_{i2} - 2q_{j2} - T + x_{j2} + \beta x_{i2} = 0 \end{cases} \quad (4.20)$$

由式（4.20）解得

$$q_{i2} = \frac{1}{3}(a - T + 2x_{i2} - \beta x_{i2} - x_{j2} + 2\beta x_{j2}) \quad (4.21)$$

$$q_{j2} = \frac{1}{3}(a - T - 2x_{i2} + 2\beta x_{i2} + 2x_{j2} - \beta x_{j2}) \quad (4.22)$$

于是，$\prod_i^*$、$\prod_j^*$ 可以写成：

$$\prod_{i2}^* = q_{i2}^2 - \frac{(1 + H_{i2})x_{i2}^2}{2} \quad (4.23)$$

$$\prod_{j2}^* = q_{j2}^2 - \frac{(1 + H_{j2})x_{j2}^2}{2} \quad (4.24)$$

2. 竞争第一阶段：企业选择最优研发投入

两家企业各自确定研发水平是以自身利润最大化为目标，因此，对两家企业的利润关于研发投入求一阶偏导并令其等于 0，即

$$\begin{cases} \dfrac{\partial \prod_{i2}^*}{\partial x_{i2}} = 0 \\ \dfrac{\partial \prod_{j2}^*}{\partial x_{j2}} = 0 \end{cases} \Rightarrow \begin{cases} 2q_{i2}\dfrac{\partial q_{i2}}{\partial x_{i2}} - (1 + H_{i2})x_{i2} = 0 \\ 2q_{j2}\dfrac{\partial q_{j2}}{\partial x_{j2}} - (1 + H_{j2})x_{j2} = 0 \end{cases} \quad (4.25)$$

$$\frac{\partial q_{i2}}{\partial x_{i2}} = \frac{\partial \left(\frac{1}{3}(a - T + 2x_{i2} - \beta x_{i2} - x_{j2} + 2\beta x_{j2})\right)}{\partial x_{i2}} = \frac{2 - \beta}{3} \quad (4.26)$$

同中心度情况，考虑对称情况，即 $x_{i2} = x_{j2}$，此时两家企业进行完全信息对称博弈，通过求解得到 x_{i2}^* 的表达式：

$$x_{i2}^* = \frac{2(2 - \beta)(a - T)}{5 + 9H_{i2} - 2\beta + 2\beta^2} \quad (4.27)$$

类似中心度位置条件下的做法，令 $f(x_{i2}, x_{j2}) = \left[\frac{1}{3}(a - T + 2x_{i2} - \beta x_{i2} - x_{j2} + 2\beta x_{j2})\right]^2 - \frac{(1 - H_{i2})x_{i2}^2}{2}$，要使得 $f(x_{i2}, x_{j2})$ 存在极大值，需要满足 $B^2 - DC > 0$ 且 $D < 0$。

$$\begin{cases} D = f''_{x_{i2}x_{i2}} = -1 - H_{i2} + \dfrac{2}{9}(2-\beta)^2 \\ B = f''_{x_{i2}x_{j2}} = \dfrac{2}{9}(-1+2\beta)(2-\beta) \\ C = f''_{x_{j2}x_{j2}} = \dfrac{2}{9}(-1+2\beta)^2 \end{cases} \quad (4.28)$$

计算可得 $B^2 - DC = \dfrac{2}{9}(1+H_{i2})(1-2\beta)^2$，易知 $B^2 - DC > 0$。当 $D < 0$ 时，利润函数 π_{i2} 关于 x_{i2} 便有极大值，该条件是 $D = -1 - H_{i2} + \dfrac{2}{9}(2-\beta)^2 < 0$，进一步可知 $H_{i2} > -1 + \dfrac{2}{9}(2-\beta)^2$，又 $-1 + \dfrac{2}{9}(2-\beta)^2 < 0$ 且 $0 < H_{i2} \leqslant 1$，所以在 $0 < H_{i2} \leqslant 1$ 的条件下就保证了最优研发投入的存在。

$$q_{i1}^* = \dfrac{a - T + (1+\beta)x_{i2}}{3} \quad (4.29)$$

由式（4.23）、式（4.27）、式（4.29）解得研发竞争时两家企业的均衡利润为

$$\Pi_{i2}^{N^*} = \dfrac{(1+H_{i2})(1+9H_{i2}+8\beta-2\beta^2)(a-T)^2}{(5+9H_{i2}-2\beta+2\beta^2)^2} \quad (4.30)$$

观察式（4.30），显然 $\Pi_{i2}^{N^*}$ 的分母大于 0，$(a-T)^2$ 大于 0，$(1+H_{i2}) > 0$。因此，验证 $\Pi_{i2}^{N^*}$ 的正负性只需要验证式（4.30）分子非平方项因式的正负性即可。由式（4.28）的验证结果可知：$H_{i2} > -1 + \dfrac{2}{9}(2-\beta)^2$，所以，$1 + 9H_{i2} + 8\beta - 2\beta^2 > 1 + 9\left[-1 + \dfrac{2}{9}(2-\beta)^2\right] + 8\beta - 2\beta^2 = 0$，于是，$\Pi_{i2}^{N^*} > 0$。

4.3 命题及证明

命题 4.1：企业自身的网络中心度越高，其提高研发投入的积极性也越高。

证明：$\dfrac{\partial x_{i1}^*}{\partial H_{i1}} = \dfrac{8\beta(a-T)(-2+\beta+\beta H_{j1})^2}{\left[-5+(2-6H_{j1}+8H_{i1})\beta+2(1+H_{j1})(-1+H_{j1}-2H_{i1})\beta^2\right]^2}$。

观察上式发现，$\left[-5+(2-6H_{j1}+8H_{i1})\beta+2(1+H_{j1})(-1+H_{j1}-2H_{i1})\beta^2\right]^2$、

$\left(-2+\beta+\beta H_{j1}\right)^2$ 显然大于 0，且 $a>T$，$0 \leqslant \beta <1$，所以 $\dfrac{\partial x_{i1}^*}{\partial H_{i1}}>0$。

命题 4.1 表明，企业自身的网络中心度越高，对企业研发投入的增长越有利。处于网络中心位置的企业，会吸引大量的企业前来寻求合作，中心位置的企业可以从中挑选优秀的企业进行多层次的交流协作。一方面，这些优质的合作伙伴能够带来丰富的行业创新信息，而这些被处理过的信息为企业管理层增强了创新决策的把握，企业因此更加大胆地增大研发力度；另一方面，企业在网络中的中心度越高，被外部机构的认可度也越强，因此中心位置的企业更容易获得政府政策和金融机构资金的支持，从而促进企业提高研发投入。

命题 4.2：竞争企业的网络中心度越高，焦点企业增加研发投入的积极性越低。

证明：$\dfrac{\partial x_{i1}^*}{\partial H_{j1}} = \dfrac{-2\beta(a-T)\left[17+2(1+H_{j1})\beta(-4+\beta+\beta H_{j1})\right]}{\left\{5-2\beta\left[1-3H_{j1}+4H_{i1}+(1+H_{j1})(-1+H_{j1}-2H_{i1})\beta\right]\right\}^2}$。

观察上式发现，$\left\{5-2\beta\left[1-3H_{j1}+4H_{i1}+(1+H_{j1})(-1+H_{j1}-2H_{i1})\beta\right]\right\}^2$ 及 $\left[17+2(1+H_{j1})\beta(-4+\beta+\beta H_{j1})\right]$ 都大于 0，且 $a>T$，$0 \leqslant \beta <1$，所以 $\dfrac{\partial x_{i1}^*}{\partial H_{j1}}<0$，由此可见，竞争企业网络中心度越高，焦点企业提高研发投入的积极性越小。

命题 4.2 表明，由于网络相对位置的不同，企业研发投入的积极性也不同。处于网络中心位置的企业，一方面需要通过加大研发投入巩固其技术创新的领头羊地位；另一方面由于占有相对全面的信息资源，焦点企业对创新的投入也更加大胆和主动。由于网络内部创新资源的有限性，当竞争企业与焦点企业的网络相对位置拉近时，竞争企业会逐渐占有焦点企业的部分创新资源，焦点企业不得不缩减部分研发费用以避免创新失败造成更多的沉没成本浪费。

命题 4.3：企业的限制度指数越高，企业增加研发投入的积极性越低。

证明：$\dfrac{\partial x_{i2}^*}{\partial H_{i2}} = \dfrac{\partial\left(2(2-\beta)(a-T)\right)}{\partial\left(5+9H_{i2}-2\beta+2\beta^2\right)} = \dfrac{18(-2+\beta)(a-T)}{\left(5+9H_{i2}-2\beta+2\beta^2\right)^2}$。

显然 $\dfrac{\partial x_{i2}^*}{\partial H_{i2}}<0$。

命题 4.3 表明：企业的限制度指数越高意味着企业结构洞越不丰富，越不利于促进企业增加研发投入，也就是说，结构洞的丰富程度与企业研发投入正相关。一方面，结构洞位置有利于企业获得异质性信息，帮助企业节约管理重复信息的成本支出，使得企业能够有充裕的费用支持研发行动；另一方面，企业通过结构洞能够获取大量的行业异质性信息，通过对异质性信息进行处理，企业可以筛选出高价值的创新项目,有效降低研发行动的不确定性风险,提高企业进行创新活动的动力。因此,企业结构洞越丰富,越可能增加研发投入。

4.4 数值模拟分析

为了能够更加直观地探讨焦点企业与竞争企业的网络位置变化对焦点企业研发投入的影响,本章通过给变量赋值并结合 Matlab 软件对以上研究结论进行数值模拟分析。根据 4.1 节的模型条件,取 $a=20$,$T=10$,$\beta=0.3$,当验证 H_{i1} 与研发投入的影响效应时,由于 $1 \geqslant H_{i1} > H_{j1} > 0$,取 $H_{j1}=0.1$。同理,当验证 H_{j1} 与研发投入的影响效应时,取 $H_{i1}=1$。

模拟结果表明:①在中心度位置条件下,企业的研发投入与自身中心度呈现正相关关系,验证了命题 4.1。随着中心度的提高,企业更容易获得网络内部及网络外部的资源支持,因此企业更加大胆地提高研发投入,扩大企业创新力度。②在中心度位置条件下,焦点企业的研发投入与竞争企业中心度呈现负相关关系。这是因为网络内部的创新资源总量有限,随着竞争企业中心度的提高,竞争企业会占有越来越多的创新资源,使得焦点企业创新资源变少,导致焦点企业部分研发项目缺少关键资源支持而难以推进,从而不得不缩减研发投入,降低成本浪费的风险。③在结构洞位置条件下,企业研发投入与限制度指数呈现负相关关系,即结构洞越匮乏越不利于企业提高研发投入,验证了命题 4.3。限制度指数越低的企业,表明其拥有的结构洞越丰富,拥有越多的异质性信息,一方面减少了管理企业间冗余联系的成本;另一方面节约了企业处理创新信息的成本,使得企业拥有更充裕的资金支持创新活动。此外,异质性信息也给企业带来了更多优质的创新机会,使企业更有动力进行创新试验。

不同的网络位置有助于网络成员获取不同的优势,中心度位置有利于企业获得关键性的信息并控制信息流动方向和速度,能够帮助本企业在竞争激烈的、动态的市场环境中及时把握创新前沿。基于丰富的创新资源,核心位置企业加强研发投入有助于巩固领头羊地位并带动其他网络成员的研发积极性,从而实现整体网络创新能力的增长。核心企业利用信息优势和控制优势还能将信息资源扩散给网络内部的其他成员,有助于整个网络内部形成良好的创新氛围,这样既能帮助非核心企业提升技术创新能力,还能巩固本企业在网络中的地位和声望。结构洞作为网络中的桥梁,可以连接没有直接联系的组织间的非冗余关系。占据结构洞的组织通常具有异质信息的控制优势,有利于决策者把握机会、判断风险和降低创新的不确定性。因此,企业在社会网络中的中心度位置和结构洞位置对激发企业的创新积极性均具有重要影响。

首先，对企业而言，企业管理层应通过供应链网络、创新网络、集群网络、区域网络等不同的网络形式拓展本企业的外部关系，努力构建以本企业为中心的社会网络关系，提高本企业的网络中心度。其次，对于竞争对手占据社会网络中心地位的情形，企业管理者应强化创新发展意识，积极拓展本企业对创新资源的获取渠道，尽量避免因为创新信息的闭塞导致在创新发展方面的被动和落后。这类企业还可以选择模仿创新的方式学习核心位置企业的创新知识和技术，通过阶段性的学习积累实现创新的追赶及提升技术能力。最后，对于企业占据社会网络结构洞位置的情形，企业管理者应充分发挥结构洞位置的优势，通过对结构洞位置获取的异质性信息的分析和吸收，加大力度实施技术多元化战略。反之，当企业不具备结构洞位置优势时，管理者也要增强意识防范限制度指数过高导致企业陷入同质化联系的陷阱。

对于管理部门而言，在引导企业创新方面应根据企业的网络地位情况出台有针对性的引导政策。可以通过资金补贴、税收减免等多种手段鼓励具有网络位置优势的企业大胆创新，鼓励这类企业借助其丰富的网络联系或者优越的结构洞位置带动更多企业投入创新的浪潮中，从而提升我国企业在全球价值链上的地位；对于不具备网络位置优势的企业，政府管理部门应实施积极的降费减税措施，对此类企业给予特殊优惠以此来提高企业实施新工艺、新技术和生产新产品研发的积极性。政府部门还应积极搭建形式多样的产学研合作网络平台，为企业开展技术创新提供信息服务和支持，尤其是为中小企业技术创新提供必要的信息情报。

第二篇　网络位置对企业研发投入的实证研究

第 5 章　网络位置、组织冗余与企业研发投入

在激烈的市场竞争中，竞争的主体归根结底是产品，而产品源于技术，技术源于研发。可见，研发投入是市场竞争的基础，企业竞争的根本很大程度在于研发的竞争。研发投入是提高企业创新能力的基础，如何促进企业的研发投入由此成为研究的关键。综合国内外的文献可知，关于网络位置的研究的结果变量多聚焦于企业的创新绩效，并将网络位置对创新绩效之间的过程视为一个"黑箱"。网络与创新绩效之间的研究视角主要集中在网络属性对创新产生的直接影响上，对于网络作用于结果变量的机制与过程缺乏深入的讨论，这使得研究结论缺少现实针对性。创新活动离不开资源支撑，冗余资源对企业创新有重要意义。关于冗余资源在企业创新活动中发挥作用的现有研究，多以解释变量视角展开分析。当企业嵌入网络内部时，组织冗余与研发投入的关系是否发生变化，是否会影响网络位置对企业研发投入的作用机制，这些问题值得深入探讨。在此背景下，本章以网络位置、组织冗余和研发投入为主要研究变量，采用层次回归分析方法深入分析各变量之间的相互作用机制。

5.1　文献回顾与理论假设

5.1.1　网络中心度与研发投入

网络中心度表明企业在网络中充当集散节点和网络中心枢纽的程度（Burt，1992），是网络结构中最重要的指标之一（邵强和耿红悦，2017）。网络中心度反映了创新网络中企业联系在"量"方面的特征。网络中心度越大，表明企业在网络中直接联系的其他组织越多。企业处于网络的核心，意味着企业占据重要的地

位，在该网络中的网络权力和声望越高（朱丽等，2017）。

中心度对企业研发决策的影响主要体现在以下三个方面：第一，位置优势企业能够为企业吸引大量的信息资源和资金资源。中心位置与其他企业联系较多，为企业积累了丰富的信息渠道，借助该渠道可以搜集大量稀缺资源用于企业研发。丰富的信息来源使得企业有更多机会进行信息甄选和判断，以提高创新信息的准确性，为管理决策者提供更准确有效的服务，帮助企业有效地识别经营机会，把握创新的动向（严子淳和薛有志，2015）。另外，位置优势还有助于企业吸引较多的投资，为企业创新提供有力的资金支持，解决了部分企业因资金不足导致研发积极性不高的问题。第二，中心度高的企业能够降低创新风险。处于高中心度位置的企业有更多的机会准确甄选具有潜力的、可靠的合作伙伴，能够从相互联系的公司间收集到与研发决策相关的信息及经验，为决策提供可以模仿参考的依据，降低未知结果的不确定性（李健等，2016）。第三，中心度高的企业拥有控制优势。核心位置的企业往往在网络中拥有较高的话语权。网络中较高的影响力有助于企业高效转化和控制网络内的流动资源用于创新。例如，Powell等（2005）指出，网络形成的中后期，核心位置企业在网络中的统治地位逐渐显现出来，这种权力来源于核心位置拥有的独特的资源及位置优势。

综上，行业技术发展的整体水平能够引领该行业的创新发展，网络位置则决定了企业获取行业技术发展动向的能力（Mousa and Chowdhury，2014）。中心度高的企业不但能凭借位置优势获得丰富的创新资源，还能降低不必要的创新风险及提高对创新资源的控制优势。因此，在这种资源支撑背景下，企业决策者更倾向开展创新活动。据此提出假设5.1：

假设5.1：网络中心度对企业的研发投入具有促进作用。

5.1.2 结构洞与研发投入

结构洞是衡量网络位置的另一重要指标。与中心度不同的是，结构洞强调的是与本企业联系的其他企业之间的一种关系模式。结构洞企业在其他企业之间充当中介，在信息传递的过程中更容易获得异质性的资源（Riitta，2002）。

同中心度一样，结构洞对企业创新决策也有着重要影响，主要体现在对信息的获取和控制的优势方面（Burt，1992）。对信息的获取主要体现如下：拥有丰富结构洞位置的企业，借助桥梁作用，能从本无联系的两个企业交换信息的过程中获取异质性信息。丰富的异质性信息能够帮助企业准确地判断市场环境，抓住创新机遇，开展创新活动。对信息和其他企业的控制主要表现在以下方面：占据结构洞的企业能够控制没有直接联系的合作伙伴对信息的换取程度。对于没有位置优势的企业,则通过结构洞企业构建的桥梁获得相关资源进而满足自身创新的需求。

处于结构洞位置企业能够搜集大量异质性信息,这些信息能够降低企业研发投入的风险、激发企业的创新热情和提高企业的创新能力。同时,丰富的异质性资源有助于企业开辟新的市场,降低同质研发的激烈竞争,为企业的多元化创新发展提供可能。因此,基于以上分析,本章提出假设5.2:

假设5.2:网络结构洞对企业的研发投入具有促进作用。

5.1.3 组织冗余与研发投入

1. 组织冗余的内涵及其类型

组织理论把企业形象地比作具有生命活力的动物,冗余资源类似越冬前动物们提前准备好的大量食物,拥有冗余资源能够帮助企业在不确定的环境下维持基本生存与持续发展的理性行为(Bourgeois,1981;Singh,1986)。资源基础理论认为冗余资源是扣除维持企业生产运营活动最小需求后所剩下的资源(张文红和赵亚普,2015),且该部分资源能够被管理者利用、转化,以其他形式满足企业生产。综上,组织冗余是指企业所拥有的资源与实际需要的资源之间的差异。冗余资源可以看作企业在成长过程中长期积累的额外资源,是企业应对危机和困境的资源保障(杨东和朱旭,2018)。管理者可以随时调动冗余资源以适应企业的创新或内部战略变革。组织冗余的存量与企业绩效和经营水平有关,当企业绩效良好时组织冗余的存量会增加,反之,当组织经营水平陷入危机时则会降低(张文红和赵亚普,2015)。

组织冗余是一个多维度的复杂概念,是具有不同性质和形式的冗余资源组成的一个整体(Marlin and Geiger,2015)。在已有的文献中,有关组织冗余维度问题的研究涉及方面较广。例如,根据冗余资源恢复速度的快慢程度,将其分为可恢复冗余、潜在冗余、可利用冗余(Bourgeois and Singh,1983);根据流动性和灵活性,将组织冗余分为沉淀性冗余和非沉淀性冗余(Tan and Peng,2003);也有根据周期长短,将组织冗余分为长期冗余和短期冗余(李晓翔和刘春林,2011),或根据组织冗余存在状态,将组织冗余划分为已吸收冗余和未吸收冗余(解维敏和魏化倩,2016)。现有的文献中对组织冗余有多种分类方法,但这些分类大多是在Bourgeois和Singh(1983)的研究基础上发展起来的。其中已吸收冗余和未吸收冗余是学者在研究中最常用的两个维度。已吸收冗余指已被企业用于生产活动、沉淀在组织内部的剩余资源,可以帮助企业在多元化环境下开展针对性投资,如厂房、人力等;未吸收冗余是一种高流动性冗余,容易被研发决策者发现并可以被重新利用，具有高度灵活性，如现金、短期应收账款等。

关于冗余资源产生的原因，学者们存在不同的观点。部分学者认为冗余资源是企业在生产经营状态较好的情况下慢慢积累的且没有被利用的资源，这部分资源可以支撑企业非日常经营活动，是环境不确定下企业继续开展研发决策的保障。另一部分学者表示管理者和股东在企业目标之间存有分歧，部分管理者为了获取额外利益而使企业保留一定量的多余资源（Love and Nohria，2005），本质上是一种资源浪费。因此，在此视角下冗余资源对企业创新存在抑制作用：冗余资源越多，企业的财务负担越重，管理者对研发创新的积极性就越低。

2. 组织冗余与研发投入的关系

对于企业发展目标的不一致性经常导致管理者和股东在发展战略上存在分歧，尤其是具有高风险性、周期长的研发活动（翟淑萍和毕晓方，2016）。由此，研发活动的开展不仅要靠企业内部正式计划的资源，还要借助一些非正式的资源支撑，而组织冗余则是企业普遍存在的一种资源。合理利用冗余资源解决创新资源短缺问题有重要意义。学者们关于组织冗余与企业研发投入的关系研究结论存在差异性（李健等，2013）。基于组织理论的观点认为，企业的创新需要丰裕的资源做支撑，冗余资源为企业提供了大量的资源，在动荡环境中对企业生产活动起到缓冲作用，因此有利于企业的研发投资（Troilo et al.，2014）。例如，Singh（1986）发现不管是已吸收组织冗余还是未吸收组织冗余都可以促使企业进行风险投资。连军（2013）实证指出，冗余资源对企业的研发投入有正向的促进作用，且这种影响与市场化程度有关。基于代理理论的观点则认为，组织冗余的存在仅仅有利于代理方的管理者，长期积累的冗余资源将会使组织产生创新惰性，导致企业效率低下（李晓翔等，2013）。陈爽英等（2016）实证得出组织冗余对研发投资强度的促进作用存在一个阈值，超过这个阈值则会产生相反的抑制作用。解维敏和魏化倩（2016）认为当拥有丰富的冗余资源时，可以改善创新决策者应对风险的态度，提高R&D投入的积极性。

在激烈的市场竞争中，组织冗余能够缓解企业开展创新活动面临的压力，为企业创造一个相对宽松的创新环境（李志强等，2017）。企业可以借助冗余资源学习和吸收其他企业的先进知识和技术，开辟新市场，这些活动能够为企业带来可观的收益。当处于创新活动风险相对较高、企业对创新失败可能带来的损失不确定的情况下时，企业在决策中往往保持观望态度（Bourgeois and Singh，1983）。因此，在没有足够资源支撑的情况下，企业可能缺乏信心开展创新活动，而在冗余资源存量充足的条件下，企业对创新风险系数较高的项目的风险抵抗能力较强，即使创新失败，组织冗余也能够缓解失败对企业经营造成的打击。由此可见，丰富的组织冗余可以减少管理者的顾虑，提高管理者在创新决策中的效率。在资本市场不完善的时期，企业难以通过外部市场获取充足资源开展研发，此时，组织冗余对于企业创新来说尤为重要（姚艳虹等，2017）。因此，基于以上分析，本章提出假设 5.3：

假设 5.3：组织冗余对研发投入具有促进作用。

5.1.4 组织冗余、网络位置与研发投入

中心度越高，说明企业在网络中占据的位置越核心，与企业建立的直接联系也就越多。这些联系可以给中心企业带来丰富的资源，帮助企业迅速掌握市场情况，有利于企业管理者做出正确的创新决策。如果没有较多的冗余资源，企业就没有足够的人力和物力支撑企业开展创新，进一步导致企业管理者在创新决策时受到约束，甚至导致企业失去竞争优势（Zahra and George，2002）。当组织冗余资源存量较为可观时，冗余资源能够缓解企业在创新活动中面临的财力和物力的压力，增加企业管理者实施创新战略的信心。当冗余资源较少时，企业由于没有丰裕的资源储备，企业的管理者即使面对大量的创新机遇，也会失去制定创新战略的积极性和兴趣，降低企业的创新水平。另外，丰富的冗余资源表示企业有大量闲置的人员和物力，可以去甄选有价值的信息，为企业的创新决策服务。

同样，当企业占据网络的结构洞位置时，凭借位置优势可以获取大量异质性信息和潜在的创新机遇，进而提高企业创新的活力和动力。由于结构洞的本身特性，结构洞企业通过连接不同的企业可以获得大量的异质性创新资源，企业更倾向利用该类资源从事探索性创新活动（李志远和王雪方，2015）。但是，凭借异质性创新资源做出的创新决策所带来的收益是不确定的，当组织内部资源稀缺时，组织冗余作为资源缓冲，尤其是资金冗余可以促使企业更积极地探索未知领域，即使结果不理想，丰裕的资金也在一定程度上降低了对企业的打击。企业占据丰富的结构洞且组织冗余程度较高的时候，企业内部丰富的财务资源与外部异质性资源能够形成互补并共同促进企业研发活动，冗余资源在结构洞与企业研发投入之间充当催化剂的作用，进一步促进了结构洞对研发投入的影响。因此，本章提出以下假设：

假设 5.4：组织冗余正向调节网络中心度与企业研发投入之间的关系。

假设 5.5：组织冗余正向调节网络结构洞与企业研发投入之间的关系。

根据以上分析，本章基于网络视角探究不同维度的网络位置对研发投入的影响，以组织冗余作为调节变量分析组织冗余在网络位置与研发投入之间的调节作用，构建的理论分析框架如图 5.1 所示。

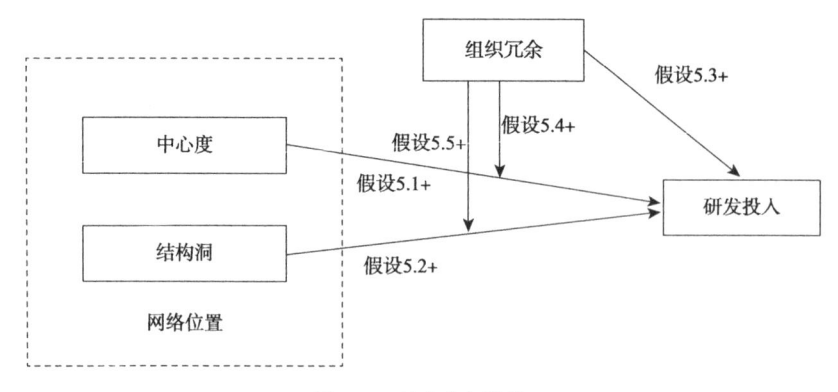

图 5.1　理论分析框架

5.2　数据来源和变量设计

5.2.1　数据来源

现如今，全球能源和环境系统面临巨大的挑战，新能源汽车作为应对能源和环境压力最有效的途径之一在全球范围内获得了迅速发展。中国作为新能源汽车的重要市场之一，政府大力扶持该产业的发展，市场状况良好。中国汽车工业协会的资料表明，我国 2018 年新能源汽车产销为 127 万辆，比 2017 年同期增长59.9%，但在新能源汽车技术的迅速发展时期，由于技术的突破点较多且非常分散等特点，没有一家公司能够拥有技术创新必需的全部资源和能力，新能源汽车企业之间必然相互联系，在竞争中合作，在合作中竞争，形成错综复杂的网络。因此，本章选取新能源产业为目标产业。

通过对原始数据收集并构建产业网络，进而获得网络位置相关指标数据。首先，将 Wind 数据库中列出的新能源汽车企业作为一级目标，以其上下游企业为二级目标；其次，以二级目标为基础，发散到其上下游企业，并将这些企业视为三级目标；最后，将一级、二级、三级目标企业进行汇总从而得到初始样本。由于多数企业在历年内的上下游企业波动较大，无法对相同企业的上下游企业的多年合作进行追踪，故本章选取 2017 年当期的上下游企业构建产业网络。由于初始样本中存在不符合要求的企业，需要进行二次筛选以保证样本数据的有效性，具体操作如下：ST 代表企业经营不善，面临亏损、破产等情况，因此该类企业的研发投入不具有代表性，所以研究样本不包含 ST 公司；由于未上市企业的财务数据不对外公告，所以无法获取相关的研究指标，故样本中不包括未上市的企业；为确保结果的准确性，将研发投入等相关数据缺失严重的数据单元予以去除。初始样本的数据来源于 Wind 数据库，对于个别数据缺失的企业，通过巨潮资讯、企业官方网站进行搜索、补充，共得到符合要求的研究样本数据是 151 家。

对样本数据的处理，首先，构建关系网络。在 Excel 中构建新能源汽车企业间的 0-1 关系矩阵，即存在关系的企业，关系赋值为 1，否则为 0。本章认为企业之间的联系是没有方向的，即 A 与 B 有联系就认为 B 与 A 有联系。其次，构建新能源企业关系矩阵。将 Excel 数据导入 UCINET 软件中，生成相应的企业之间的网络图，然后获得相应的网络位置的指标。最后，利用 SPSS、EViews 等工具对数据进行预处理及模型分析。

5.2.2 变量选取和定义

1. 被解释变量

研发投入（RD）。一般而言，企业的 R&D 活动包括新产品、新技术等方面的改进，研发活动可以帮助企业提高运营效率，降低生产成本，增强在市场中的竞争能力。关于研发投入的相关文献，研发投入的取值主要分为两种衡量方式：①绝对指标，主要包括研发费用投入和研发人员投入。研发费用投入主要包括在企业管理费用中用于学习新知识、开发新产品等的相关费用，而研发人员投入主要指企业内部技术人员总数的自然对数，该指标反映了一个企业技术创新能力的核心水平。②相对指标，主要是指 R&D 投入强度，包括研发费用投入强度和研发人员投入强度。研发费用投入强度主要指研发投入与企业的某一财务指标的比值，如企业总资产、营业收入等，而研发人员投入强度主要指研发或技术人员占企业全体员工的比重。由于主营业务收入、销售收入可能受市场影响波动很大，本章选取研发投入的绝对指标来测量研发投入情况。

2. 解释变量

使用 UCINET 软件对已构建的新能源汽车产业链的网络进行数据分析可以获得代表网络位置的中心度和结构洞指标。中心度指标主要包括接近中心度、程度中心度、中间中心度；结构洞指标主要包括有效规模、限制度、效率和等级度四个指标。根据大多数学者的研究，选取程度中心度和限制度分别代表网络中心度和结构洞。

3. 调节变量

组织冗余主要维度为已吸收冗余和未吸收冗余。已吸收冗余是企业内部固化的资源,也是应对紧急情况时可以高效调动的资源,其"缓冲剂"的作用可以在企业的短期绩效中明显体现;未吸收冗余受已吸收冗余变量的影响,在企业应对动态环境时已吸收冗余资源可以让渡并转化为未吸收冗余。因此,借鉴苏昕和刘昊龙(2018)的研究,通过以下公式计算组织冗余:组织冗余=(销售费用+管理费用-研发费用)/营业收入。

4. 控制变量

选取企业年龄、营运能力、营利能力、成长性及财务杠杆五个指标为控制变量。

不同年龄的企业制定的发展目标、聚焦的研发决策会存在差异。当企业刚步入市场或濒临破产时,企业资源相对匮乏,外部联系较少,企业对新产品的开发较谨慎,因此,R&D 投入相对较小。当企业在市场稳步发展时,为吸引更多潜在客户,企业需不断开展创新活动以满足市场需求。因此,企业年龄可能影响其研发投入水平。以企业创办至样本统计年度的间隔的自然对数表示企业年龄。

营运能力反映了企业对资产的利用效率,可以用总资产周转率表示,该指标反映了企业对既有资产的利用程度。总资产周转率越大,表明对企业既有资产的利用越高效。研发活动离不开资源的支撑,资金周转越迅速,可用于研发决策的资源也就越多。因此,选取资产周转率(TAT)表征企业营运能力。

企业进行研发活动需要资金的投入,在企业利润高的情况下,企业有充足的资金开展研发投入。选择用总资产利润率(PR)代表企业营利能力,计算公式为总资产利润率=利润总额/销售收入。

行业内企业成长速度快表明该行业技术更新速度快,企业之间竞争压力大,因此开展研发投入的积极性会更高。成长性主要借助主营业务收入增长率、托宾 Q 值来表示,但由于我国上市企业的股票信息不能反映真实的市场信息,故以主营业务收入增长率来表示企业成长性(Growth)。

企业的资产负债率不但反映了企业的资本结构,而且还能反映企业通过自身的影响力从合作伙伴或金融机构那里获得资源及其偿债的能力。财务杠杆指标越高,表明企业的财务风险越大,财务杠杆直接影响了企业的研发决策。因此,以资产负债率(Debt)测量财务杠杆。

以上相关变量的含义及其计算方法见表 5.1。

表 5.1 变量定义

变量符号	变量含义	计算方法
RD	研发投入	研发费用的自然对数
Cen	中心度	程度中心度

续表

变量符号	变量含义	计算方法
Holes	结构洞	限制度
Osa	组织冗余	组织冗余=（销售费用+管理费用-研发费用）/营业收入
Age	企业年龄	从企业创办至样本统计年度的间隔的自然对数
TAT	企业营运能力	总资产周转率=总收入/平均总资产
PR	企业营利能力	总资产利润率=利润总额/销售收入
Growth	企业成长性	主营业务收入增长率
Debt	财务杠杆	资产负债率=负债总额/资产总额

5.3 实证模型设计

根据 5.1 节和 5.2 节的理论分析及提出的假设，结合变量设计情况，提出实证模型。首先，为检验网络位置与研发投入之间的关系，建立模型（5.1）~模型（5.3）：

$$\text{RD} = \alpha_0 + \sum_i r_i \times \text{Con}_i + \varepsilon \quad (5.1)$$

$$\text{RD} = \alpha_0 + \alpha_1 \text{Cen} + \sum_i r_i \times \text{Con}_i + \varepsilon \quad (5.2)$$

$$\text{RD} = \alpha_0 + \alpha_2 \text{Holes} + \sum_i r_i \times \text{Con}_i + \varepsilon \quad (5.3)$$

其次，为检验组织冗余与研发投入之间的关系，建立模型（5.4）：

$$\text{RD} = \alpha_0 + \beta_1 \text{Osa} + \sum_i r_i \times \text{Con}_i + \varepsilon \quad (5.4)$$

最后，为检验组织冗余在网络位置与研发投入之间的调节作用，建立模型（5.5）~模型（5.8）：

$$\text{RD} = \alpha_0 + \alpha_1 \text{Cen} + \beta_1 \text{Osa} + \sum_i r_i \times \text{Con}_i + \varepsilon \quad (5.5)$$

$$\text{RD} = \alpha_0 + \alpha_1 \text{Cen} + \beta_1 \text{Osa} + \beta_2 \text{Osa} \times \text{Cen} + \sum_i r_i \times \text{Con}_i + \varepsilon \quad (5.6)$$

$$\text{RD} = \alpha_0 + \alpha_2 \text{Holes} + \beta_1 \text{Osa} + \sum_i r_i \times \text{Con}_i + \varepsilon \quad (5.7)$$

$$\text{RD} = \alpha_0 + \alpha_1 \text{Holes} + \beta_1 \text{Osa} + \beta_3 \text{Osa} \times \text{Holes} + \sum_i r_i \times \text{Con}_i + \varepsilon \quad (5.8)$$

在式（5.1）~式（5.8）中，α_0 表示常数项；α_1、α_2 分别表示网络位置的系数；β_1 表示组织冗余的回归系数；β_2、β_3 分别表示组织冗余与网络位置的中心度和结构洞的交互作用，它刻度着组织冗余对网络位置的调节效应；i 表示控制变量的个数；Con_i 分别表示上述的控制变量：Age、TAT、PR、Growth、Debt；ε 表示随机扰动项。

5.4 描述性分析

对研发投入、网络位置、组织冗余及控制变量在内的变量开展描述性分析，结果如表 5.2 所示。

表 5.2 样本的描述性统计结果

变量名称	最小值	最大值	均值	标准差
RD	4.885	10.270	7.685	0.964
Cen	0.427	16.019	5.764	5.697
Holes	0.066	0.885	0.501	0.218
Osa	−53.816	0.699	−0.736	4.835
Age	1.386	3.497	2.698	0.406
TAT	0.050	3.562	0.785	0.524
PR	−2.691	0.655	0.082	0.295
Growth	−0.639	2.475	0.300	0.405
Debt	0.020	0.861	0.454	0.182

从表 5.2 可以看出，研发投入（RD）的最大值为 10.270，最小值为 4.885，均值为 7.685，标准差为 0.964。不难看出，新能源汽车产业链内部研发投入存在较大的差异。出现这种原因可能是位于产业链不同位置的企业对于创新的需要存在较大差异。

企业中心度（Cen）的最小值为 0.427，最大值为 16.019，均值为 5.764，标准差为 5.697，说明产业链内部不同企业的直接联系的数量存在差异，有些企业与产业链内部企业联系密切，有些企业则可能处于网络的边缘位置，与较少的企业存在联系。另外，结构洞（Holes）的最小值为 0.066，最大值为 0.885，均值为 0.501，标准差为 0.218，说明不同企业在该网络中获取异质性信息的水平差异较大。中心度和结构洞指数两个变量的显著差异反映了企业能够利用其网络位置获得和控制资源的能力是有显著差异的。

企业的组织冗余（Osa）标准差较大，说明企业之间的组织冗余存在较大差异。若企业能将该部分资源利用到企业创新决策等方面，企业将会获得更大的成长动力，将具有更高的成长性，得到更好的发展。

控制变量中各变量的标准差相对较小。其中，财务杠杆（Debt）的最小值为0.020，最大值为0.861，均值为0.454，说明新能源汽车企业的整体财务状况和业绩情况良好。综合各变量之间的描述性统计结果可以看出，不同的公司在网络位置、组织冗余及研发投入上存在较大差异，这些为检验网络位置对研发投入的影响及组织冗余在网络位置与研发投入之间的调节提供了可能。

5.5 相关性分析

描述性统计分析直观地反映了所有变量的大致分布状况，为进一步判断任意两个变量之间的相关关系，通过 SPSS 对各变量进行分析，借助 Pearson 系数对各变量间的相关性进行分析（表 5.3）。

表 5.3 变量的相关性矩阵

变量	RD	Cen	Holes	Osa	Age	TAT	PR	Growth	Debt
RD	1								
Cen	0.778*** (0.000)	1							
Holes	0.758 (0.000)	0.749 (0.000)	1						
Osa	0.279*** (0.001)	0.172** (0.035)	0.155 (0.057)	1					
Age	0.298*** (0.000)	0.318*** (0.000)	0.293*** (0.000)	0.042 (0.612)	1				
TAT	−0.043 (0.598)	−0.037 (0.652)	0.045 (0.587)	0.039 (0.634)	0.125 (0.126)	1			
PR	0.410*** (0.000)	0.323*** (0.000)	0.261*** (0.001)	0.083 (0.311)	0.268*** (0.001)	0.008 (0.925)	1		
Growth	0.717*** (0.000)	0.607*** (0.000)	0.589*** (0.000)	0.262*** (0.001)	0.192** (0.018)	0.097 (0.237)	0.342*** (0.000)	1	
Debt	−0.681*** (0.000)	−0.521*** (0.000)	0.567*** (0.000)	−0.160** (0.050)	−0.124 (0.130)	0.054 (0.509)	−0.213*** (0.009)	−0.469*** (0.000)	1

注：**、***分别代表在5%、1%的水平上显著；括号内是 p 值

从分析结果可知，研发投入与网络位置、组织冗余均正相关，相应的 p 值均小于0.01。各变量之间是否存在多重共线性可以通过变量之间的 Pearson 矩阵进行

初步判断：若变量之间的相关系数大于0.9，则两个变量存在共线性；若在0.8则变量之间存在多重共线性的可能，还需要借助容忍度或方差膨胀因子展开进一步判断。观察变量之间的相关关系矩阵（表5.3）可知，各变量之间的相关系数最大值为0.778，因此，可以初步判定各变量之间不存在多重共线性问题。

5.6 回归结果分析

5.6.1 网络位置与研发投入的回归分析

1. 中心度与研发投入的回归分析

为探究新能源汽车企业网络位置与研发投入之间的关系，首先，利用EViews软件对模型（5.1）和模型（5.2）分别进行回归运算，其结果如表5.4所示。其次，对上述两个模型进行多重共线性检验，其结果如表5.5所示。

表5.4 中心度与研发投入的回归结果

变量	模型（5.1）	模型（5.2）
C	7.586*** （22.864）	7.508*** （26.104）
Cen		0.381*** （7.017）
Age	0.134*** （2.849）	0.060 （1.429）
TAT	−0.083* （−1.821）	−0.050 （−1.246）
PR	0.129*** （2.632）	0.103** （2.426）
Growth	0.460*** （8.606）	0.298*** （5.766）
Debt	−0.417*** （−8.157）	−0.311*** （−6.646）
R^2	0.71	0.784
调整 R^2	0.70	0.775
F	71.020***	87.079***

*、**、***分别代表在10%、5%、1%的水平上显著；括号内是统计量

表 5.5　模型（5.1）和模型（5.2）的多重共线性检验

变量	模型（5.1） 容差	模型（5.1） VIF	模型（5.2） 容差	模型（5.2） VIF
Cen			0.510	1.960
Age	0.903	1.108	0.846	1.182
TAT	0.963	1.038	0.949	1.054
PR	0.836	1.196	0.830	1.205
Growth	0.701	1.427	0.561	1.781
Debt	0.766	1.306	0.686	1.458

模型（5.1）的调整 R^2 为 0.70，F 统计量为 71.020，且在 1%的水平上显著，说明模型的拟合效果很好，可以较好地反映各变量与研发投入的关系。从模型（5.1）的回归结果来看，企业的成长性、营利能力的系数为正，且在 1%的水平上显著，而企业的营运能力、财务杠杆的系数为负，且分别在 10%和 1%的水平上显著，表明该类因素抑制企业的研发投入。模型（5.2）加入了企业的中心度进行回归分析，回归结果表明模型中网络位置的指标系数为正（$\alpha_1 = 0.381$，$t = 7.017$），且在 1%的水平上显著，因此假设 5.1 成立。中心度越大的企业在搜集整合网络内部流动的资源效率也就越高，在提高创新效率、把握创新机遇方面更有优势。丰富的信息来源为促进企业创新提供了基础，企业因此可能加大研发的投入。此时模型的调整 R^2 为 0.775，F 统计量为 87.079，且在 1%的水平上显著，说明模型的拟合效果好。同时，也发现该模型与模型（5.1）结果不同的是企业年龄在该模型中系数虽然仍是正数，但并不显著。

变量的多重共线性检验主要有两个方面：容差和 VIF。其中，容差是指容忍度，是以各个自变量作为因变量对其他自变量回归得到的残差，其最大值为 1，该指标的值越小，共线性越严重。容差的标准一般是 0.1，若指标容差小于 0.1，则认为变量之间存在严重的多重共线性。VIF 是指方差膨胀因子，VIF 越大则变量之间的共线性问题越严重。当方差膨胀因子介于 0~10 时，则可判定变量间没有共线性问题。利用 SPSS 求得容差和 VIF 如表 5.5 所示，由此可以看出，各变量之间不存在多重共线性问题。

2. 结构洞与企业研发投入之间的回归分析

模型（5.1）已对所有控制变量进行回归，因此，这部分只考虑结构洞对研发投入影响的回归分析，结果如表 5.6 所示。

表 5.6 结构洞与研发投入的回归结果

变量	模型（5.3）	容差	VIF
C	6.992*** (22.405)		
Holes	0.343*** (6.121)	0.508	1.968
Age	0.071 (1.641)	0.852	1.174
TAT	−0.053 (−1.297)	0.949	1.053
PR	0.128*** (2.927)	0.836	1.196
Growth	0.324*** (6.149)	0.576	1.736
Debt	−0.296*** (5.936)	0.644	1.552
R^2	0.770		
调整 R^2	0.760		
F	76.957***		

***代表在 1%的水平上显著；括号内是统计量

模型（5.3）的调整 R^2 为 0.760，F 统计量为 76.957，且在 1%的水平上显著，说明模型的拟合效果很好，可以较好地反映各变量与研发投入的关系。从模型（5.3）的回归结果来看，企业的成长性、营利能力的系数同模型（5.1）一样，仍具有显著的统计意义。解释变量 Holes 对研发投入有显著的促进作用（$\alpha_1 = 0.343$，$t = 6.121$），假设 5.2 成立，且在 1%的水平上显著，说明结构洞指数越大，企业研发投入的积极性越高。模型（5.3）各变量的 VIF 最大值是 1.968，因此，该模型没有多重共线性问题。

5.6.2 组织冗余与研发投入的回归分析

对组织冗余与研发投入之间的关系进行检验，根据表 5.7，模型（5.4）的调整 R^2 为 0.705，F 统计量为 60.726，且在 1%的水平上显著，说明模型的拟合效果很好，可以较好地反映各变量与研发投入的关系。从模型（5.4）的回归结果来看，组织冗余（Osa）对研发投入有显著的促进作用（$\beta_1 = 0.085$，$t = 1.842$），因此，假设 5.3 成立。模型（5.4）的 VIF 最大值为 1.490，因此，该模型没有多重共线性问题。

表 5.7　组织冗余与研发投入的回归结果

变量	模型（5.4）	容差	VIF
C	7.598 （23.086）		
Osa	0.085** （1.842）	0.929	1.076
Age	0.135*** （2.894）	0.903	1.108
TAT	−0.085*** （−1.873）	0.963	1.039
PR	0.129*** （2.666）	0.836	1.196
Growth	0.439*** （8.115）	0.671	1.490
Debt	−0.413*** （−8.131）	0.764	1.309
R^2	0.717		
调整 R^2	0.705		
F	60.726***		

、*分别代表在 5%、1%的水平上显著；括号内是统计量

5.6.3　组织冗余的调节作用的回归分析

调节变量是指能够影响解释变量和被解释变量之间作用关系的变量。判断该变量是否存在调节效应的方法是，首先将自变量和调节变量分别做中心化处理；其次将处理得到的变量交互相乘，得到待检验的交互变量；最后进行回归分析，判断该系数是否存在显著意义。

1. 组织冗余对中心度与研发投入的调节

为检验组织冗余对新能源汽车企业网络位置和研发投入的调节作用，本章设置了交互项 Osa×Cen。首先，利用 EViews 软件对模型（5.5）和模型（5.6）进行回归运算，结果如表 5.8 所示。其次，对上述两个模型进行多重共线性检验，避免高共线性的各个变量造成回归方程的不稳定情况，其结果如表 5.9 所示。

表 5.8　网络位置与研发投入的回归结果

变量	模型（5.5）	模型（5.6）
C	7.520*** （26.438）	7.548*** （26.728）
Cen	0.380*** （7.078）	0.331*** （5.604）

续表

变量	模型（5.5）	模型（5.6）
Osa	0.082** （2.071）	−0.083 （−0.858）
Age	0.061 （1.472）	0.058 （1.409）
TAT	−0.051 （−1.303）	−0.045 （−1.14）
PR	0.104** （2.470）	0.104** （2.503）
Growth	0.279*** （5.362）	0.272*** （5.268）
Debt	−0.307*** （−6.632）	−0.307*** （−6.687）
Osa×Cen		0.197* （1.865）
R^2	0.790	0.795
调整 R^2	0.780	0.784
F	76.957***	57.73***

*、**、***分别代表在10%、5%、1%的水平上显著；括号内是统计量

表5.9　模型和模型的多重共线性检验

变量	模型（5.5） 容差	模型（5.5） VIF	模型（5.6） 容差	模型（5.6） VIF
Cen	0.510	1.960	0.413	2.424
Osa	0.929	1.076	0.153	6.544
Age	0.846	1.182	0.845	1.184
TAT	0.949	1.054	0.941	1.063
PR	0.830	1.205	0.830	1.205
Growth	0.543	1.841	0.541	1.850
Debt	0.685	1.460	0.685	1.460
Osa×Cen			0.130	7.700

相比较模型（5.2），模型（5.5）加入了组织冗余，但未考虑组织冗余与网络位置的交互作用。通过模型（5.5）可以看出，组织冗余对企业研发投入的系数为正，且在5%的水平上显著。组织冗余能够缓解外部环境不确定性对公司造成的冲击，起到保护公司"内核"的作用，有利于增加研发投入，促进创新活动的开展。创新管理者能够识别冗余资源，冗余资源越多，表明企业闲置的可供转化后投入创新研发的资源越多，越有利于企业提高研发投入水平。

模型（5.6）考虑了组织冗余与网络位置的交互作用。组织冗余与网络位置的交互项 Osa×Cen 系数为正（$\beta_2 = 0.197$，$t = 1.865$），且在1%的水平上显著，因此假设5.3成立。该结果表明，组织冗余越高，网络位置对研发投入的促进作用越明显。

表5.9是对模型（5.5）和模型（5.6）的多重共线性检验的结果。首先，两个模型的容差较多地集中在0.8~0.9，根据容差检验多重共线性的标准可以得出，包含组织冗余及交互项在内的变量在内不存在多重共线性。同理，两个模型的 VIF 均在0~10范围内，也表示各变量间没有多重共线性问题。

为了更直观地解释组织冗余对中心度与研发投入的调节作用，图5.2展示了组织冗余对中心度与研发投入之间的关系调节效应。从图5.2中可以看出，组织冗余对中心度与企业研发投入存在调节效应，尤其对高中心度企业的调节效应更显著。

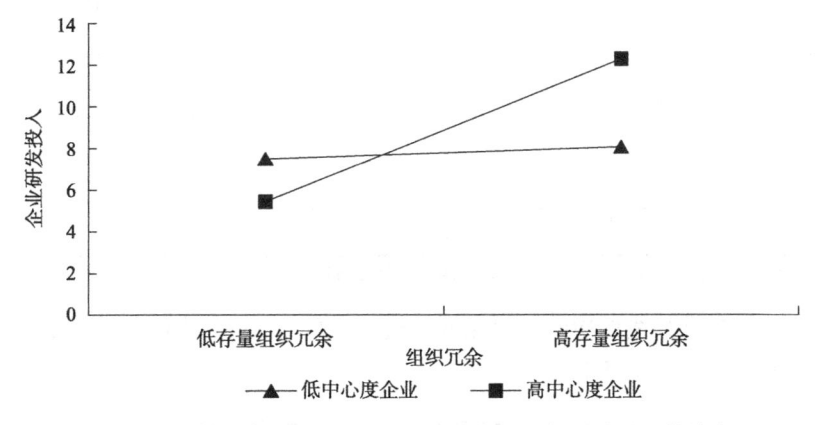

图5.2 组织冗余对中心度与企业研发投入之间的关系调节效应

2. 组织冗余对结构洞与研发投入的调节

依据组织冗余对中心度和研发投入之间的调节检验方式的原理，模型（5.7）是在模型（5.3）的基础上加入了组织冗余变量，在模型（5.8）中考虑了组织冗余和结构洞的交互作用。模型（5.7）中组织冗余对研发投入有正向的促进作用。该结论与模型（5.4）一致。模型（5.8）中，结构洞与组织冗余的交互项的系数为-0.18，且未通过任何水平的显著性检验，因此，假设5.4并未得到验证。回归结果见表5.10。

表5.10 网络位置与研发投入的回归结果

变量	模型（5.7）	模型（5.8）
C	7.002*** （22.717）	6.94*** （22.39）

续表

变量	模型（5.7）	模型（5.8）
Holes	0.345*** (6.226)	0.37*** (6.41)
Osa	0.088** (2.153)	−0.08 (−0.68)
Age	0.072* (1.679)	0.07* (1.67)
TAT	−0.055 (−1.353)	−0.05 (−1.24)
PR	0.129*** (2.979)	0.13*** (2.91)
Growth	0.302*** (5.698)	0.31*** (5.87)
Debt	−0.291*** (−5.902)	−0.29*** (−5.91)
Osa×Holes		−0.18 (−1.50)
R^2	0.777	0.781
调整 R^2	0.766	0.768
F	71.238***	63.167***

*、**、***分别代表在10%、5%、1%的水平上显著；括号内是统计量

与表5.9多重共线性检验结果相同，模型（5.7）和模型（5.8）各变量之间均不存在多重共线性（表5.11）。

表5.11 模型（5.7）和模型（5.8）的多重共线性检验

变量	模型（5.7）		模型（5.8）	
	容差	VIF	容差	VIF
Holes	0.508	1.969	0.46	2.18
Osa	0.929	1.077	0.11	9.29
Age	0.852	1.174	0.85	1.17
TAT	0.949	1.054	0.94	1.06
PR	0.836	1.196	0.83	1.20
Growth	0.555	1.802	0.54	1.84
Debt	0.643	1.555	0.64	1.56
Osa×Holes			0.11	8.87

综合模型（5.1）~模型（5.8）的回归结果，对本章提出的假设检验结果进行汇总，如表5.12所示。

表 5.12　假设检验结果汇总

假设	研究假设内容	结果
假设 5.1	网络中心度对企业的研发投入具有促进作用	支持
假设 5.2	网络结构洞对企业的研发投入具有促进作用	支持
假设 5.3	组织冗余对研发投入具有促进作用	支持
假设 5.4	组织冗余正向调节网络中心度与企业研发投入	支持
假设 5.5	组织冗余正向调节网络结构洞与企业研发投入	不支持

关于网络位置与研发投入关系的研究结论对企业网络管理部门、政府及企业均具有一定的指导意义。对于网络管理部门而言，一方面应该在网络范围内创造诚信合作的氛围，树立企业间的信任，从而为企业间达成稳定持久的合作关系提供支持；另一方面应积极引导核心企业发挥领头羊的作用，通过该类企业提升研发投入的积极性以引导整个合作网络企业的创新。

对于政府部门而言，应该通过政策手段为企业提供良好的创新环境。第一，对于创新优势明显的合作网络应给予资金等方面的奖励和支持，维护该类网络的创新积极性；第二，引导创新能力落后的企业嵌入创新能力较强的联盟网络，通过在该网络的影响来提高此类企业的创新能力；第三，鼓励强创新能力的企业嵌入发挥领头羊的作用，通过引领创新带动整个网络的创新活力。

从企业角度来看，在选择嵌入某个网络时，其他条件相近的情况下，企业应积极选择关系质量较好的创新网络，通过借助网络内部成员之间高技术溢出效应促进自身的创新定位。非核心企业应该通过模仿创新、技术学习等方式学习中心位置企业先进的知识和技术，进而提升自身在网络中的地位；核心位置企业应该积极组织、联络内部企业学习和分享相关技术知识，以提高网络范围内整体的知识吸收率和学习效果，核心位置企业还应积极投入技术创新活动并引导网络整体的创新发展。同时，企业应该合理分配和利用冗余资源，管理者不仅需要保留适当的冗余用于抵抗动荡环境的风险，还要加强对冗余存量的控制，避免过多的冗余资源对管理者研发决策造成的懈怠。

第6章 网络位置、创新开放度与企业研发投入

资源基础观强调资源是企业获得持久竞争优势的前提和基础，内部资源的有限性促使企业开始寻求外部环境的资源支持，并因此同大量外部机构产生直接或者间接联系，使得企业逐渐嵌入复杂的网络中。已有研究表明网络位置对于网络中资源流动具有显著作用，并最终影响企业的创新：中心性位置通过大量的直接联系可以有效扩展资源及信息获取渠道，使得企业创新能够得到充足的资源及信息支持；结构洞位置通过中介联系的特殊性可以帮助企业较容易地获取到丰富的异质性信息，进而扩大企业创新机会。企业开放式创新的兴起，使得创新开放度问题走入研究者的视野。已有研究表明企业持有的开放度水平对企业的影响具有优劣两面性，优点体现在较高的开放度水平能够提升企业跨组织资源获取能力方面，对企业的创新行为具有一定的支持作用。缺点则体现为两方面，一是较高的开放度，使得企业面临更高合作成本，挤占了企业创新支出；二是较高的开放度，分散了企业决策者的创新注意力，使得企业对创新进程的把控趋向模糊化，扩大了企业研发的不确定性风险，进而影响了企业的创新效率。在网络化的背景下，不同网络位置的企业所持有的创新开放度水平，是否影响网络位置优势的发挥，进而影响企业的研发活动等尚未可知。因此，在网络化的背景下，探究网络位置、创新开放度对企业研发投入的影响具有重要意义。

6.1 文献回顾与理论假设

6.1.1 网络位置与研发投入

1. 中心度与研发投入

Wasserman 和 Faust（1994）指出中心度可以反映企业在网络中处于中心的程

度，可以表征企业在网络中获取及控制资源的程度。徐建中和徐莹莹（2015）认为中心度强调企业与其他创新主体直接联系的特性，是反映网络位置的关键性指标。企业的网络中心度与其联系的网络成员者数量紧密相关，该指标数值越大表明该企业直接联系的网络成员数量越多，同时也表明企业越接近网络中的中心位置，而较低的中心度则表明企业越处在网络的边缘位置。

较高中心度的企业在创新行动上拥有众多优势，主要体现在以下三个方面：第一，较高的中心度使得企业拥有多重的信息来源渠道。来自不同渠道的多种信息，使得企业更有机会将已有资源同新颖的信息组合起来实现创新，并且多源信息能够帮助企业识别错误信息的干扰，避免企业陷入竞争对手制造的信息困境。第二，较高的中心度使得企业对网络中的资源信息具有控制优势。Powell 和 Smith-Doerr（1996）指出中心度高的企业通过信息优势和控制优势，促进企业对外部信息与内部现存知识进行整合，使企业更容易实现创新。处于网络核心位置的企业还可以向外部环境发射良好的企业信号，吸引网络内部的优质资源向本企业流动，为自身的创新活动服务。第三，较高的中心度扩大了企业获得互补性技术的机会。企业的技术创新过程需要使用多种类的知识及技术，通过企业间相互协作的方式能够弥补企业内部知识及技术水平的不足。高中心度企业同网络中的多个创新主体建立起联系，可以从中选择最合适的企业进行联合创新，有助于企业获得互补性技能，进而提高企业创新效率及创新成功率。例如，曾德明等（2014）指出企业的网络中心度越高，越能跨越技术边界同不同类型的企业展开合作，使企业更容易获取新技术和新知识，有利于企业开展创新活动。

企业的创新活动需要信息、资源及技术的支持，高中心度企业凭借位置优势可以及时并准确地获取创新信息，还能吸引优质的合作伙伴共同开展创新合作，提升本企业的技术及知识水平，并且依靠网络位置赋予的控制能力影响网络内部的资源流动方向，使企业获得优质的资源支持。较高的中心度赋予了企业多种优势，提高了企业创新成功的概率，使企业更有意愿进行研发活动。因此，基于以上分析，提出假设 6.1：

假设 6.1：中心度对企业研发投入具有促进作用。

2. 结构洞与研发投入

结构洞对企业创新决策有着重要影响。与中心度强调创新主体间的直接联系不同，结构洞更注重企业通过扮演中介者的角色所拥有的中介联系特性。处于结构洞位置的企业能够把原本没有直接联系的企业联结起来，在其中发挥桥梁的作用，使得结构洞企业具有信息优势和控制优势。一方面，结构洞向企业提供了高价值的多样化信息，有助于企业高效地开发和利用内部资源；另一方面，结构洞作为信息桥梁，对信息的流动方向具有控制作用，结构洞位置的企业能够控制信息流为自身创新活动服务。因此，拥有信息优势和控制优势的结构洞企业在开展研发活动时将更有主动权。企业充当着越多网络成员联系中的中介角色，其结构洞丰富程度越高，结构洞所带来的信息优势及控制优势也会越明显。

结构洞的特性使得企业能够获取丰富的异质性信息，缓解了研发活动中信息获取不及时的问题。激烈的竞争环境使得优质的创新机会具有时效性，当企业对创新信息的掌握不及时，就会错过良好的创新时机。结构洞是信息流中所形成的缺口，占据结构洞的企业将因此获得差异化信息，而这无疑能够缓解创新信息不及时的问题。结构洞位置的企业可以通过差异化信息分离出创新信息，帮助企业判断未来的技术发展前景，从而率先展开创新试验，抢占产品创新的高地。

研发行为的不确定性使得企业在制定研发决策时更为谨慎，为了避免过多的沉没成本产生，企业更倾向在掌握足够的资源信息之后再进行研发行动，而这无疑增长了创新时机流失的风险。结构洞的特性使得企业能够拥有丰富的异质性资源，帮助企业更好地判断市场及技术前景，减少研发行为的不确定性，使企业更有底气进行研发行动。因此，基于以上分析，提出假设6.2：

假设6.2：结构洞丰富程度对企业研发投入具有促进作用。

6.1.2 创新开放度与研发投入

创新开放度反映的是企业在开放式创新的环境下对外部机构持有的态度，取值越高表明企业越愿意同其他组织展开创新合作；反之则表明企业对合作创新接受度越低，更倾向独立开展创新活动。开放式创新的理念强调组织内部可以向研发活动提供资源及信息，并且企业还可通过外部环境进行获取。

Chesbrough和Crowther（2006）最早对创新开放度进行界定，他认为创新开放度表示企业在开放式创新中与外部机构合作的程度。学者们在后续的研究中，针对不同的研究视角对开放度进行了阐释与扩展。例如，针对合作对象的数量及合作程度不同，Laursen和Salter（2006）将开放度细分为开放广度及开放深度，其中开放广度是指企业在创新进程中建立起合作关系的外部机构数量，开放深度是指企业在创新进程中对外部机构的依赖程度。对于知识流动的方向不同，Chesbrough和Crowther（2006）将开放度划分为内向开放度及外向开放度，其中内向开放度是指创新知识由外部环境流入企业内部的程度，外向开放度则是指创新知识由企业内部流入外部环境的程度。游达明和孙洁（2008）认为创新开放度是一项代表企业对外部资源融合及依赖程度的一项概括指标。还有学者从技术引进的角度进行定义，如Lichtenthaler（2011）将创新开放度界定为企业利用外部技术的范围。

资源基础观强调高价值的信息及资源是企业获得稳定竞争优势的基础。企业保持较高的开放度，能够吸引外部组织前来寻求合作，一方面使得企业能够获得外部稳定的资源支持，有利于企业创新能力的提升；另一方面有助于企业将外部新知识与创新方案相结合，提升企业开发创新产品的概率。例如，蒋振宇等（2019）的研究表明，创新开放度对企业创新能力具有显著的正向影响。高俊光等（2019）通过实证研究，指出创新开放度正向影响新创企业的创新绩效，但也有学者持相反观点，如陈钰芬和陈劲（2008）认为过高的开放度会提高核心机密的泄露风险，负面影响了创新成果的市场化。注意力理论强调管理注意力是企业活动最珍贵的资源，企业在技术创新过程中如何分配管理注意力直接关系到创新的成功与否，这就要求企业创新决策者保持专注，不能使注意力过于分散。例如，张峰（2012）指出，同过多的外部机构展开创新合作，分散了企业在创新方面的注意力，削弱了企业对创新利益的控制能力。

保持较高的开放度无疑能提高企业在行业内外的曝光率，使得企业更容易被不同类型的企业关注，进而产生合作机会。然而，高开放度给企业带来新的创新风险，具体反映在以下三个方面：第一，同众多外部组织进行合作提高了企业核心技术泄露的风险。保持较高的开放度，使得企业容易获得同行业甚至跨行业的合作机会，然而过多的合作对象使得企业难以进行深入的组织考察，加剧企业核心技术外溢的风险，打击了企业创新成果率先市场化的机会。第二，高开放度产生的成本挤占了研发投入。在进行企业合作的过程中会产生合作成本，会对原先企业的研发投资计划造成不利影响。特别是对于一些具有依赖性的合作对象，不仅不能帮助本企业进行创新活动，反而由于过度的技术依赖打击了本企业的研发活动积极性。第三，高开放度分散了企业在创新方面的注意力，对企业研发行动造成负面影响。注意力理论认为企业的注意力是企业内部最重要的资源，企业同时进行多个创新合作项目，会导致企业的创新注意力过于分散，影响了对创新过程的把控，容易导致项目创新失败。

较高的创新开放度虽然能够吸引更多潜在的合作伙伴，但也会使企业置于更多不确定性当中。一方面，高开放度所带来的众多合作对象使得企业难以进行资质审查，容易造成企业的核心技术外溢，导致企业丧失核心竞争优势。另一方面，高开放度不仅产生新的合作成本挤占了企业在创新上的投入，并且分散了企业创新注意力，不利于企业进行创新活动。因此，基于以上分析，提出假设6.3：

假设6.3：创新开放度对企业研发投入具有抑制作用。

6.1.3　网络位置、创新开放度与研发投入

注意力理论强调企业在实施创新项目时需要保持注意力集中，过度分散创新

注意力容易导致企业对创新过程信息掌握不及时，对创新项目的深入实践造成负面影响，提高创新失败的风险。企业保持过高的开放度使得寻求合作机会的企业数量快速上升，企业决策者不得不分散出注意力来对潜在合作者进行考察，尤其是跨行业的合作使得企业必须提升沟通频率，削弱了原有创新项目上的创新注意力配比。

高中心度企业在网络中同较多外部组织建立起直接联系，通过位置优势能够给企业带来充足的信息及资源支持，帮助企业及时掌握市场动态并规划高效的研发计划。企业保持较高的开放度，扩大了跨行业合作的机会，但也给企业带来了风险，削弱了中心度给企业带来的优势。一方面，进行开放式创新使企业面临更大的成本负担，Salge等（2013）进一步将开放式创新造成的额外成本细分为寻求成本、同化成本及利用成本。企业用于创新项目的资源是有限的，因而过多的成本负担会对企业的创新资源分配造成不利影响，削弱了中心性位置给企业赋予的资源优势。另一方面，高开放度削弱了中心位置企业对网络资源的控制优势。Powell等（2005）指出网络发展到成熟阶段，中心位置的企业对于网络将具有统治力，可以对网络内部的其他企业行为产生影响。然而在进行开放式合作时，处于中心位置的企业需要考虑合作企业的利益，以及通过协商才能确定企业行为，而这无疑削弱了中心企业对网络的控制力，进而影响企业对创新资源的获取效率。

处于结构洞位置的企业可以较容易地获取丰富的异质性信息，帮助企业识别创新机会，并且企业能够利用结构洞的桥梁作用控制信息流的流动方向，为企业自身的创新活动服务。企业持有较高的创新开放度使企业的合作关系发生改变，并给企业带来新的挑战，具体表现在以下两个方面：第一，较高的创新开放度加剧了创新信息泄露的风险。丰富的结构洞扩大了企业的信息多样性，通过分析可以分离出高价值的创新信息，然而高开放度提高了创新信息封锁的难度，使得企业通过结构洞优势获取到的创新信息更容易泄露给外部机构，造成结构洞企业难以将创新成果专有化，打击了其进行研发行动的积极性。第二，结构洞能够给企业带来新知识及新思想，然而创新开放度的提高使得合作企业在技术、知识及制度等方面趋于一致，削弱了结构洞对培养企业创新意识的积极作用，削减了企业开展创新活动的动力。因此，提出以下假设：

假设6.4：创新开放度负向调节中心度与企业研发投入之间的关系。

假设6.5：创新开放度负向调节结构洞丰富程度与企业研发投入之间的关系。

根据以上分析，构建如图6.1所示的理论框架。

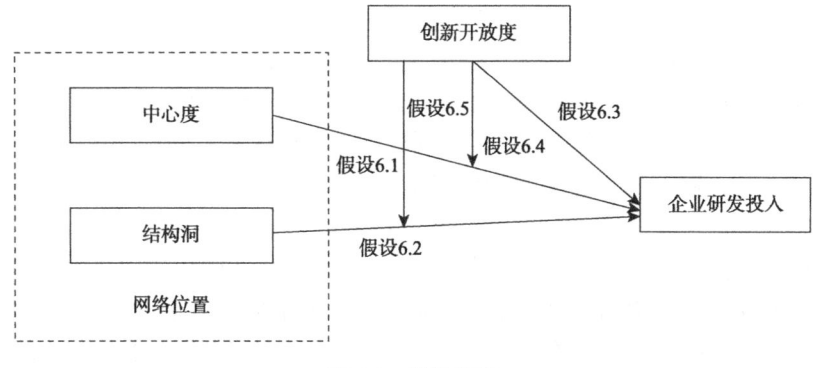

图 6.1 理论框架

6.2 样本的选取和数据来源

近 20 年来，汽车产业的快速发展为国民经济的增长做出了重要的贡献，但同时也加剧了环境污染、能源危机等问题，汽车制造业的绿色创新势在必行。同发达国家相比，我国汽车企业在自主品牌、核心技术、竞争力等方面仍存在较大差距，需要不断通过技术创新才能逐渐缩短技术差距。专利是技术创新的产物，作为技术创新活动的晴雨表，常作为一种代理指标用以研究企业技术创新活动。此外，通过多种专利数据库可以较为容易地获得专利数据，以及申请者明细、专利代码、技术分类名称等与企业创新活动相关的信息，利用这些信息可以进行企业研发 R&D 合作、技术预测等研究分析。其中通过申请者明细可以进一步得知专利联合申请人，而后者则被广泛用来研究合作创新，在联合申请专利过程中，企业、大学、研究机构等创新主体之间自发地形成一种非正式的合作网络，并进行着创新知识的传播与整合。对于汽车制造企业而言，一辆汽车由上万个精密的零部件组成，汽车零部件的创新常常伴随着企业专利的产生。由于技术的多样性和复杂性，汽车企业很难拥有创新所需要的全部知识和资源，故汽车企业及其他创新主体之间也会保持密切的创新联系从而促进自身创新能力的提升。结合上市企业数据较易获得的特点，选取汽车制造业的上市企业为目标对象，以联合申请专利为基础构建专利合作网络，进而获取网络位置相关指标数据。

首先，通过 Wind 数据库以所属证监会划分的行业标准筛选出汽车制造业上市企业；其次，为了保证数据的有效性，剔除样本中存在不符合要求的企业，具体剔除原则如下：①ST 及 ST*企业通常代表财务持续亏损或者出现财务异常的情况，为了防止异常值对实证研究的影响，予以剔除；②关键指标数据缺失，如研发投入数据等指标缺失，予以剔除；③没有联合申请专利数据，意味着同其他创新主体不存在联系，予以剔除。其中，①和②的过程数据来源于 Wind 数据库，③则通过重点产业专利信息服务平台逐一查找 1986~2017 年上市汽车企业专利信息（通过操作得知上市企业申请专利始于 1996 年，联合申请专利始于 2004 年）。共获取 88 474 条专利申请信息，含联合申请专利信息 2 855 条。若 2004~2017 年企业均无联合申请专利，则意味着不满足网络成员基本条件，予以剔除。通过以上过程最终筛选得到 2013~2017 年的有效观测数据 172 组。

对样本数据的处理，首先，构建关系网络，在 Excel 中构建创新主体的 0-1 关系矩阵，即存在联合申请专利关系的创新主体，关系赋值为 1，否则为 0。本章认为创新主体之间的关系不存在方向性，即 A 与 B 有联系等价于 B 与 A 有联系。其次，将构建好的关系矩阵，导入 UCINET 软件中计算相应的网络位置指标，并生成相应的网络联系图。再次，将网络指标数据及利用 Wind 获取的其他企业指标数据导入 Excel 中进行格式调整。最后，将数据导入 Stata 软件进行模型检验。

6.3 变量测量与模型设计

6.3.1 变量选取和定义

1. 被解释变量

在以往的文献中，对研发投入的衡量主要分为两类：①绝对指标测量。例如，研发投入总量、研发人员费用等。该类指标反映了企业对进行研发活动的重视水平。②相对指标。其以研发投入强度代理衡量为主。研发投入强度通常用研发支出与营业收入、企业总资产、市场价值等的比值来进行衡量。然而以上财务指标受市场影响，具有很大的波动性，采用相对指标会导致测量偏差放大。同时，参考孙瑜辰（2018）的研究，采用研发投入总量的绝对指标来衡量企业的研发投入水平。企业上一年度的经营业绩和财务状况等因素对企业研发投资决策具有重大影响，并且获取与利用外部资源也需要时间。因此这部分在模型设定时，将被解释变量滞后一期。

2. 解释变量

关于网络中心度的测量，Freeman（1979）提出了 3 种不同的形式，即程度中心度、接近中心度、中介中心度。其中，程度中心度能够反映行动者与其他网络成员直接联系的程度，接近中心度反映的是行动者联系其他网络成员中的容易程度，而中介中心度反映的是行动者对其他网络成员间的联结具备的控制程度。在以上 3 种不同的中心度当中，程度中心度是最适合衡量行动者获取外部直接信息和知识的指标，对网络中心性位置的测量也最为直观，应用也最为广泛。因此，这部分将程度中心度作为企业网络中心度的测量指标。根据 Burt（1992）的结构洞理论，衡量结构洞的指标共有 4 种，即有效规模、效率、限制度及等级度。其中，有效规模衡量的是个体网络的非冗余程度，效率衡量的是有效个体网络规模与实际规模的比值，限制度衡量的是结构洞的匮乏程度，等级度衡量的是限制性集中在一个行动者的程度。其中限制度是高度概括性指数，其使用也更为广泛。企业受到的限制度越小，其网络结构洞越丰富。由此，参考严若森等（2018）的做法，用 1 与限制度指数的差值来衡量结构洞的丰富程度。利用 UCINET 软件对已构建的专利合作网络进行分析，可以得到中心度指标和结构洞指标数据。其中程度中心度的计算路径是 network（网络）—centrality（中心度）—degree（程度中心度），限制度指数的计算路径是 network（网络）—ego-networks（个体网络）—structural holes（结构洞）—constraint（限制度）。

3. 调节变量

创新开放度在已有研究中出现了定性和定量两种不同的测量方法，定性方法主要是通过问卷的方式测量。定量方法主要有两种：①用联合申请专利个数与申请专利总量的比值表示；②用目标年份的联合申请专利总量与该阶段申请专利总量的比值表示，即 $\dfrac{联合申请专利总量}{申请专利总量}$。由于问卷的题项设置受设计者的主观影响较大，本章将采用定量的方法测量创新开放度。在收集数据过程中发现，企业不同年份间的联合专利申请数据波动较大，参考王建等（2015）的研究，采用目标年份的联合申请专利总量与该阶段申请专利总量的比值进行表示。

4. 控制变量

参考解维敏和魏化倩（2016）关于研发投入的研究，选取了企业年龄、企业规模、企业业绩、企业成长性及企业负债率共 5 个控制变量，具体说明如下。

企业年龄关系到企业发展的生命周期，新创企业、面临破产或退出市场的企业营业收入和利润来源不稳定，企业在创新决策上难以承受较大风险，对于研发投入会更加谨慎。处于正常经营状态的企业财务状况稳定，为了保持或扩大现有的产品市场占有率，企业更愿意将部分收益投入产品创新项目中以期新产品带来更大的利润。因此，企业年龄是影响研发投入的一个因素。

企业规模影响着企业外部资源获取的难易程度，企业创新不仅需要内部资源作为支撑，也需要外部资源的支持。因此，企业规模也是影响企业研发投入的一个重要因素，用总资产的自然对数来表示企业规模对研发投入的影响。

企业的技术创新具有不确定性的特点，要求企业需要具备营利能力。企业业绩越好，就越有能力进行创新研发。因此，企业业绩表现也是影响企业研发投入的重要因素，用利润总额与总营业收入的比值来衡量企业业绩。

企业成长性好，表明企业经营状态良好，为了进一步提高企业自身的市场竞争力，企业更有动力投入资源进行产品创新。因此，企业成长性也是影响研发投入的重要因素。采用总资产增长率来衡量企业成长性。

资产负债率是企业偿债能力和财务风险的体现。资产负债率越高，表明企业从外部机构获取的资源越多，同时企业的财务风险也越大。通常资产负债率越高的企业会缩减研发开支。因此，资产负债率也是影响企业研发投入的重要因素。预收款的存在通常会影响企业负债率，收取预收款意味着企业需要在未来一段时间里向合作方提供产品或服务，而当前尚未交付，所以收取预收款会提高企业负债率，为了更为真实反映企业负债水平，计算资产负债率时剔除了预收款金额。

以上相关变量的含义及其计算方法见表6.1。

表 6.1　相关变量选取及定义

变量符号	变量含义	计算方法
RD	研发投入	研发投入总量（滞后一期）
Cen	中心度	程度中心度
Hole	结构洞丰富程度	1与限制度指数的差值
Open	创新开放度	联合申请专利总量/申请专利总量
Age	企业年龄	企业创立年份至目标年份间隔
Size	企业规模	总资产的自然对数
Roa	企业业绩	利润总额/总营业收入
Growth	企业成长性	总资产增长率
Debt	企业负债率	（负债总额−预收款）/总资产

6.3.2　实证模型设计

根据6.1节和6.2节的理论分析及假设，结合变量选取及设计情况，建立如下研发投入的实证模型：

首先，建立模型（6.1）~模型（6.2），用以检验网络位置与研发投入之间的关系：

$$\begin{aligned} \mathrm{RD}_t = &\alpha_0 + \alpha_1 \mathrm{Cen}_t + \beta_1 \mathrm{Age}_t + \beta_2 \mathrm{Size}_t \\ &+ \beta_3 \mathrm{Roa}_t + \beta_4 \mathrm{Growth}_t + \beta_5 \mathrm{Debt}_t + \varepsilon \end{aligned} \quad (6.1)$$

$$RD_{t+1} = \alpha_0 + \alpha_2 \text{Hole}_t + \beta_1 \text{Age}_t + \beta_2 \text{Size}_t \\ + \beta_3 \text{Roa}_t + \beta_4 \text{Growth}_t + \beta_5 \text{Debt}_t + \varepsilon \quad (6.2)$$

其次，建立模型（6.3），用以检验创新开放度与研发投入之间的关系：

$$RD_{t+1} = \alpha_0 + \alpha_3 \text{Open}_t + \beta_1 \text{Age}_t + \beta_2 \text{Size}_t \\ + \beta_3 \text{Roa}_t + \beta_4 \text{Growth}_t + \beta_5 \text{Debt}_t + \varepsilon \quad (6.3)$$

最后，建立模型（6.4）~模型（6.7），用以检验创新开放度在网络位置与研发投入之间的调节作用：

$$RD_{t+1} = \alpha_0 + \alpha_1 \text{Cen}_t + \alpha_3 \text{Open}_t + \beta_1 \text{Age}_t + \beta_2 \text{Size}_t \\ + \beta_3 \text{Roa}_t + \beta_4 \text{Growth}_t + \beta_5 \text{Debt}_t + \varepsilon \quad (6.4)$$

$$RD_{t+1} = \alpha_0 + \alpha_1 \text{Cen}_t + \alpha_3 \text{Open}_t + \alpha_4 \text{Cen}_t \text{Open}_t + \beta_1 \text{Age}_t \\ + \beta_2 \text{Size}_t + \beta_3 \text{Roa}_t + \beta_4 \text{Growth}_t + \beta_5 \text{Debt}_t + \varepsilon \quad (6.5)$$

$$RD_{t+1} = \alpha_0 + \alpha_2 \text{Hole}_t + \alpha_3 \text{Open}_t + \beta_1 \text{Age}_t + \beta_2 \text{Size}_t \\ + \beta_3 \text{Roa}_t + \beta_4 \text{Growth}_t + \beta_5 \text{Debt}_t + \varepsilon \quad (6.6)$$

$$RD_{t+1} = \alpha_0 + \alpha_2 \text{Hole}_t + \alpha_3 \text{Open}_t + \alpha_5 \text{Hole}_t \text{Open}_t + \beta_1 \text{Age}_t \\ + \beta_2 \text{Size}_t + \beta_3 \text{Roa}_t + \beta_4 \text{Growth}_t + \beta_5 \text{Debt}_t + \varepsilon \quad (6.7)$$

在式（6.1）~式（6.7）中，α_0 表示常数项；α_1、α_2 分别表示中心度、结构洞的回归系数；α_3 表示创新开放度的回归系数；α_4、α_5 分别表示创新开放度与中心度、结构洞的交互作用，它表征着创新开放度在网络位置与研发投入关系中的调节效应；β_1、β_2、β_3、β_4、β_5 分别表示控制变量 Age、Size、Roa、Growth、Debt 的回归系数；ε 表示随机扰动项。

6.4 描述性分析

对研发投入、中心度、结构洞丰富程度、创新开放度及控制变量等共 9 个变量开展描述性分析，结果如表 6.2 所示。从表 6.2 中可以看出，研发投入（RD）的最大值为 15.922，最小值为 0.007，均值为 0.753，标准差为 1.950。可以看出，上市汽车企业研发投入存在较大的差异。出现这种原因可能是企业主营业务存在差异，导致对创新的诉求差距较大。例如，主营汽车外观设备的企业对创新需求较低，而主营整车制造的企业则对创新较为重视。

表 6.2　样本的描述性统计结果

变量名称	最小值	最大值	均值	标准差
RD	0.007	15.922	0.753	1.950

续表

变量名称	最小值	最大值	均值	标准差
Cen	0.391	15.436	2.302	3.123
Hole	0.000	0.961	0.412	0.366
Open	0.000	1.000	0.200	0.313
Age	8.000	46.000	18.895	5.852
Size	1.464	8.887	4.361	1.650
Roa	−0.327	0.163	0.059	0.057
Growth	−0.202	1.600	0.180	0.239
Debt	0.099	0.982	0.473	0.173

企业中心度（Cen）的最小值为 0.391，最大值为 15.436，均值为 2.302，标准差为 3.123，说明网络内不同上市企业直接联系的创新主体数量存在差异，有些企业与网络内部企业、科研机构、高校等联系密切，有些企业则同较少的创新主体存在联系。另外，结构洞丰富程度（Hole）的最小值为 0.000，最大值为 0.961，均值为 0.412，标准差为 0.366。说明不同企业的结构洞丰富程度存在明显差距，通过结构洞获取的异质性信息水平差异较大。企业的创新开放度（Open）均值为 0.200，说明大部分上市汽车企业在创新过程中对外部组织的开放程度并不高。这可能是企业担心过高的开放程度会泄露核心技术和商业机密，导致丧失自身的竞争优势，因而对外部合作持有较为谨慎的态度。

控制变量中的企业年龄（Age）和企业规模（Size）的标准差相对较大。说明上市汽车企业的创建年份及企业现有规模均有较大差异。企业业绩（Roa）的最小值与最大值区间较小，其标准差为 0.057，说明行业发展较为成熟利润率也相对稳定，但仍然存在亏损型企业。企业成长性（Growth）最大值为 1.600，最小值为 −0.202，标准差为 0.239，说明行业内部有些企业保持着较好的发展态势，但也有部分企业在竞争中出现了发展危机。资产负债率（Debt）的最小值为 0.099，最大值为 0.982，标准差为 0.173，说明上市汽车企业的整体财务状况存在差异。从以上对各变量的描述性统计结果可以看出，不同的上市企业在网络位置、创新开放度及研发投入上存在较大差异，这些为研究网络位置对研发投入的影响，以及研究创新开放度在网络位置与研发投入中的关系所起到的调节作用提供了便利。

6.5 相关性分析

描述性统计较为直观地反映了各个变量的大致分布状况。为了进一步判断变量之间的相关关系，本节通过 Stata 对各变量进行分析，借助 Pearson 系数对变量间的相关性进行分析，结果如表 6.3 所示。从分析结果可知，网络中心度与企业研发投入存在正相关关系（$p<0.000$），中心度越高表明企业越能通过多种渠道接触到创新信息及创新知识，对提升企业研发投入积极性大有益处；结构洞丰富程度与企业研发投入存在正相关关系（$p<0.000$），表明结构洞越丰富企业拥有的高质量异质性信息越多，有助于企业保持先行创新的优势；创新开放度与企业研发投入负相关（$p<0.100$）表明企业的开放度越高，企业创新风险也越大，不利于企业提高研发投入水平。各控制变量与研发投入的相关性也存在差异，企业年龄（Age）正向促进企业研发投入的增加，表明企业成立年限越久，企业对于研发投入的积极性越高；企业规模（Size）正向促进企业研发投入的增加，表明企业规模越大，企业对研发投入的重视程度越高，会积极提高研发投入，巩固自己的竞争优势；企业业绩（Roa）与企业研发投入正相关，表明企业业绩越好，企业增加研发投入的动力越强；企业成长性（Growth）与企业研发投入正相关，表明成长性越好，企业研发投入越积极，通过不断提升创新能力促进企业更快速的成长；企业负债率（Debt）与企业研发投入负相关，表明企业负债水平越高，企业研发投入的积极性越低。

表 6.3 变量的相关性矩阵

变量	RD	Cen	Hole	Open	Age	Size	Roa	Growth	Debt
RD	1								
Cen	0.645*** (0.000)	1							
Hole	0.271*** (0.000)	0.654*** (0.000)	1						
Open	−0.134* (0.081)	−0.079 (0.304)	0.177** (0.020)	1					
Age	0.423*** (0.000)	0.143* (0.061)	0.094 (0.219)	0.270*** (0.000)	1				
Size	0.505*** (0.000)	0.571*** (0.000)	0.364*** (0.000)	−0.216*** (0.005)	0.101 (0.186)	1			
Roa	0.173** (0.023)	0.059 (0.443)	−0.138* (0.070)	−0.164** (0.031)	−0.015 (0.844)	0.045 (0.560)	1		
Growth	0.030 (0.694)	−0.074 (0.333)	−0.176** (0.021)	−0.244*** (0.001)	−0.110 (0.150)	−0.056 (0.469)	0.245*** (0.001)	1	
Debt	−0.123 (0.107)	0.029 (0.705)	−0.028 (0.719)	−0.154** (0.044)	0.022 (0.777)	0.138* (0.071)	0.120 (0.117)	0.058 (0.449)	1

*、**、***分别代表在 10%、5%、1%的水平上显著；括号内是 p 值

各变量之间的多重共线性问题可以通过变量之间的 Pearson 系数矩阵进行初步检验：若变量间的相关系数超过 0.9，则两个变量间存在共线性问题；若介于 0.8

与 0.9 之间,则存在多重共线性的可能,还需要方差膨胀因子 VIF 进行更进一步的判断。观察各变量间的相关性矩阵(表 6.3),可以看到任意变量之间的相关系数绝对值最大为 0.654(中心度指标与结构洞指标),所以可以初步判定任意变量之间不存在多重共线性问题。企业嵌入在网络环境时,有可能处于网络中心位置同时占据着较为丰富结构洞的情况。两种不同形式的网络位置能够为企业创新带来多种多样的信息及知识,但带来的信息、知识等会存在差异性。通常情况下企业通过中心位置可以获取大量的创新信息及创新知识,而通过结构洞位置则可以获得丰富的异质性信息,因此程度中心度与结构洞丰富程度指标存在相关关系是可以理解的。

6.6 回 归 分 析

6.6.1 网络位置、创新开放度与研发投入关系的回归分析

1. 中心度与研发投入关系的回归分析

为探究上市汽车企业中心度与研发投入之间的关系,首先,利用 Stata 软件对模型(6.1)进行回归运算,其次,对模型(6.1)进行方差膨胀因子检验,避免变量之间的高共线性造成回归方程不稳定。模型(6.1)的调整 R^2 为 0.606,F 统计量为 44.76,在 1%的水平上显著,说明模型(6.1)的拟合效果良好,可以较好地反映各变量与研发投入的关系。从模型(6.1)的回归结果来看,中心度的系数为正($\alpha_1 = 0.292$),且在 1%的水平上显著,验证了假设 6.1。处于较高中心度的企业,在网络内部通常拥有资源优势和信息优势,企业可以运用优势获取到稀缺资源和多种信息,并以此提高企业的知识储备和资源储备。在知识储备和资源储备较为充足的情况下,企业实施创新的成功率也更高,因此企业更倾向增加研发投入。企业的年龄、企业规模、企业业绩和企业成长性的系数为正,且在 1%的水平上显著(企业成长性除外),表明以上 4 个因素能够对上市汽车企业的研发投入起到促进作用。资产负债率为负,且在 1%的水平上显著,表明资产负债率会抑制企业的研发投入(表 6.4)。

表 6.4 模型(6.1)~模型(6.3)的回归结果

变量	模型(6.1)	模型(6.2)	模型(6.3)
C	−2.684*** (0.468)	−3.581*** (0.000)	−3.232*** (0.538)
Cen	0.292*** (0.037)		

续表

变量	模型（6.1）	模型（6.2）	模型（6.3）
Hole		0.549* （0.328）	
Open			−0.958** （0.387）
Age	0.118*** （0.016）	0.129*** （0.019）	0.145*** （0.020）
Size	0.269*** （0.070）	0.537*** （0.072）	0.539*** （0.069）
Roa	4.805*** （1.696）	6.044*** （1.988）	5.170*** （1.962）
Growth	0.763* （0.409）	0.697 （0.479）	0.347 （0.482）
Debt	−2.235*** （0.551）	−2.455*** （0.642）	−2.703*** （0.639）
R^2	0.619	0.483	0.493
调整 R^2	0.606	0.464	0.475
F	44.76***	25.71***	26.77***

*、**、***分别代表在10%、5%、1%的水平上显著；括号内是统计量

利用方差膨胀因子 VIF 对各个模型的多重共线性进行检验。一般认为 VIF 的值越大表明变量之间的共线性问题越严重。当 VIF 值超过 10 时，表明变量间存在严重的共线性问题。当 VIF 介于 0~10 时，则可判定变量间不存在共线性问题。利用 Stata 求得 VIF，如表 6.5 所示，模型（6.1）中各个变量的 VIF 值均远小于 10，因此变量之间没有共线性问题。

表 6.5 模型（6.1）~模型（6.3）的多重共线性检验

变量	模型（6.1）—VIF	模型（6.2）—VIF	模型（6.3）—VIF
Cen	1.51		
Hole		1.21	
Open			1.26
Age	1.03	1.02	1.12
Size	1.52	1.20	1.10
Roa	1.08	1.10	1.09
Growth	1.09	1.10	1.13
Debt	1.04	1.04	1.05

2. 结构洞与研发投入关系的回归分析

模型（6.2）的调整 R^2 为 0.464，F 统计量为 25.71，且在 1%的水平上显著，

说明模型（6.2）的拟合效果良好，可以较好地反映各变量与研发投入的关系。从模型（6.2）的回归结果来看，结构洞的系数为正（$\alpha_2 = 0.549$），且在10%的水平上显著，验证了假设6.2。结构洞丰富程度越高的企业，拥有的异质性信息和高质量的创新知识也越多，有利于企业更好地识别创新机会，并降低研发风险，从而推动企业增加研发投入力度。模型（6.2）的多重共线性结果中各变量中最大的VIF值仅为1.21，远小于10，因此模型（6.2）不存在多重共线性问题。

3. 创新开放度与研发投入关系的回归分析

模型（6.3）的调整R^2为0.475，F统计量为26.77，且在1%的水平上显著，说明模型（6.3）的拟合效果良好，可以较好地反映各变量与研发投入的关系。从模型（6.3）的回归结果可以看到，创新开放度的系数为负（$\alpha_3 = -0.958$），且在5%的水平上显著，验证了假设6.3。创新开放度较高的企业，容易吸引较多外部机构进行创新合作，然而随着合作程度的加深，企业自身的核心技术及商业机密泄露的风险也越高，出于维护自身利益的要求，企业会减少研发投入，避免潜在损失扩大，因此，创新开放度会抑制企业研发投入。模型（6.3）的多重共线性结果中各变量中最大的VIF值仅为1.26，远小于10，因此模型（6.3）不存在多重共线性问题。模型（6.1）~模型（6.3）的回归结果及多重共线性检验结果见表6.4和表6.5。

6.6.2 创新开放度的调节作用分析

自变量和因变量之间的关系受第三个变量的影响，则该变量即调节变量。判断调节效应的通常做法是，首先，将模型中的自变量和调节变量进行中心化处理；其次，将中心化之后的自变量及调节变量进行交互相乘，从而得到待检验的交互变量；最后，将中心化之前的调节变量及交互变量加入模型中进行回归分析，判断交互变量系数的显著性。

1. 创新开放度在中心度与研发投入关系中的调节作用分析

为检验创新开放度对上市汽车企业网络中心度和研发投入关系的调节作用，本章将变量处理后，得到交互项Cen×Open。利用Stata软件对模型（6.4）和模型（6.5）进行回归，回归结果如表6.6所示。相比模型（6.1），模型（6.4）加入了创新开放度参与回归，但未将中心度与创新开放度的交互作用考虑在内。模型（6.4）的回归结果表明，创新开放度对企业研发投入的系数为负，且在1%的水平上显著。创新开放度无疑会吸引更多的合作者，但这也加重了企业的资源和注意力负担，一方面越来越多的合作者会挤占现有项目的创新资源；另一方面合作对象的增多也分散了管理者创新注意力，这两方面的因素无疑会降低现有项目的创新成功率，企业为了规避过多的沉没成本会减少企业的研发投入。

表6.6 模型（6.4）及模型（6.5）的回归结果

变量	模型（6.4）	模型（6.5）
C	-2.397*** (0.466)	-2.054*** (0.472)
Cen	0.294*** (0.356)	0.363*** (0.043)
Open	-0.995*** (0.327)	-0.408 (0.587)
Cen×Open		-0.846** (0.297)
Age	0.223*** (0.017)	0.116*** (0.017)
Size	0.223*** (0.070)	0.206*** (0.069)
Roa	4.322*** (1.663)	4.127** (1.630)
Growth	0.504 (0.408)	0.422 (0.400)
Debt	-2.422*** (0.541)	-2.519*** (0.531)
R^2	0.640	0.657
调整 R^2	0.624	0.640
F	41.61***	39.01***

、*分别代表在5%、1%的水平上显著；括号内是统计量

模型（6.5）在模型（6.4）的基础上考虑了创新开放度与中心度的交互作用。创新与网络位置的交互项 Cen×Open 系数为负（$\alpha_4 = -0.846$），且在5%的水平上显著，因此假设6.4成立。该结果表明，创新开放度负向调节中心度与研发投入的关系。在模型（6.5）中，Open 的系数 α_3 为-0.408，表明创新开放度与研发投入的关系仍为负相关，但系数没有通过显著性检验。这是由于在加入中心度和创新开放度的交互项之后，创新开放度对被解释变量的独立影响作用被显著性更高的交互项所替代。

模型（6.4）及模型（6.5）均通过 Stata 进行多重共线性检验，检验结果如表6.7所示。模型（6.4）中各变量中最大的方差膨胀因子 VIF 值为1.59，小于边界值10，故模型（6.4）中的各变量未存在多重共线性问题。模型（6.5）中各变量中最大的

方差膨胀因子 VIF 值为 4.29，小于边界值 10，故模型（6.5）中的各变量未存在多重共线性问题。

表 6.7 模型（6.4）及模型（6.5）的多重共线性检验

变量	模型（6.4）—VIF	模型（6.5）—VIF
Cen	1.51	2.22
Open	1.26	4.23
Cen×Open		4.29
Age	1.13	1.27
Size	1.59	1.60
Roa	1.09	1.10
Growth	1.13	1.14
Debt	1.05	1.06

为了更直观地反映创新开放度在中心度与企业研发投入中的调节作用，进一步展示了创新开放度对上述关系中的调节作用（图6.2）。从图6.2中可以明显观察到创新开放度在中心度与企业研发投入中存在负向调节作用，创新开放度越高，这种负向调节作用的效果越显著。

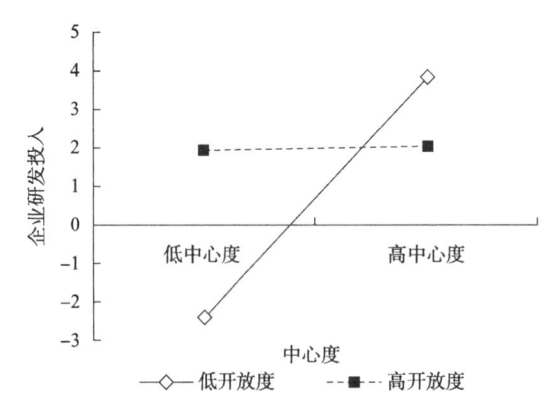

图 6.2 创新开放度在中心度与企业研发投入中的调节作用

2. 创新开放度在结构洞与研发投入关系中的调节作用分析

与创新开放度对中心度和研发投入之间的调节检验方式类似，模型（6.6）是在模型（6.2）的基础上加入了创新开放度变量，在模型（6.7）中则是将创新开放度和结构洞的交互作用考虑在内。模型（6.6）中创新开放度对研发投入有负向的抑制作用。该结论与模型（6.3）一致。模型（6.7）中，结构洞与创新开放度的交互项系数为-2.055，且在10%的水平上显著（表6.8）。因此，假设6.5得到验证。企业通过结构洞获取了大量的异质性信息，通过信息筛选和处理，能够从中分离出大量高价值的创新信息，并借此开展研发活动。企业保持较高的开放度，使得筛选后的高价值创新信息面临共享和泄露的问题，导致其逐渐丧失先行创新的优势，进而降低了企业在市场上的竞争优势，故对结构洞越丰富的企业而言，创新开放度的提高削弱了企业的创新动力。

表6.8 模型（6.6）及模型（6.7）的回归结果

变量	模型（6.6）	模型（6.7）
C	-3.281*** (0.531)	-3.046*** (0.543)
Hole	0.776** (0.330)	0.704** (0.330)
Open	-1.171*** (0.392)	-1.061*** (0.394)
Hole×Open		-2.055* (1.128)
Age	0.146*** (0.019)	0.145*** (0.019)
Size	0.466*** (0.075)	0.453*** (0.074)
Roa	5.651*** (1.946)	5.376*** (1.939)
Growth	0.432 (0.476)	0.435 (0.473)
Debt	-2.649*** (0.630)	-2.853*** (0.636)
R^2	0.510	0.520
调整 R^2	0.489	0.496
F	24.37***	22.04***

*、**、***分别代表在10%、5%、1%的水平上显著；括号内是统计量

模型（6.6）及模型（6.7）均通过Stata进行多重共线性检验，检验结果如表6.9所示。模型（6.6）中各变量中最大的方差膨胀因子VIF值为1.33，小于边界值10，故模型（6.6）中的各变量未存在多重共线性问题。模型（6.7）中各变量中最大的方差膨胀因子VIF值为1.36，小于边界值10，故模型（6.7）中的各变量未存在多重共线性问题。模型（6.6）与模型（6.7）的回归结果及多重共线性检验结果分别见表6.8和表6.9。

表 6.9 模型（6.6）及模型（6.7）的多重共线性检验

变量	模型（6.6）—VIF	模型（6.7）—VIF
Hole	1.28	1.30
Open	1.33	1.36
Hole×Open		1.14
Age	1.12	1.12
Size	1.33	1.35
Roa	1.10	1.11
Growth	1.14	1.14
Debt	1.05	1.08

为了更直观地反映创新开放度在结构洞丰富程度与企业研发投入中的调节作用，进一步展示了创新开放度对上述关系中的调节作用（图6.3）。从图6.3中可以明显观察到创新开放度在结构洞丰富程度与企业研发投入关系中存在负向调节作用，创新开放度越高，这种负向调节作用的效果越显著。

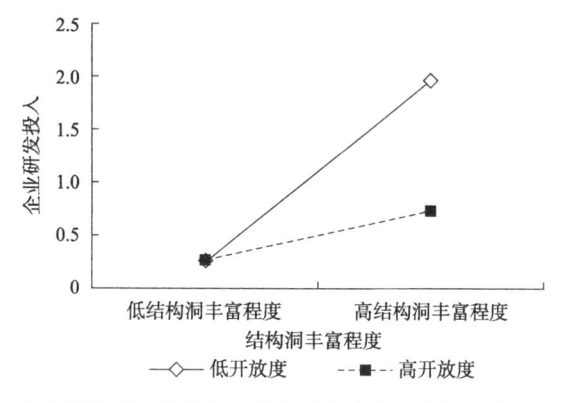

图 6.3 创新开放度在结构洞丰富程度与企业研发投入中的调节作用

综合上述 7 个模型的回归结果及结果分析，现对假设检验结果进行汇总，具体如表 6.10 所示。

表 6.10 假设检验结果

序号	假设	结果
假设 6.1	中心度对企业研发投入具有促进作用	支持
假设 6.2	结构洞丰富程度对企业研发投入具有促进作用	支持
假设 6.3	创新开放度对企业研发投入具有抑制作用	支持
假设 6.4	创新开放度负向调节中心度与企业研发投入之间的关系	支持
假设 6.5	创新开放度负向调节结构洞丰富程度与企业研发投入之间的关系	支持

对汽车制造业的专利合作情况建立起目标网络内各创新主体的关系矩阵，并借助 UCINET 网络分析软件处理得到网络指标数据，结合企业的研发投入、创新开放度数据及反映企业特征的 5 个控制变量，利用层次回归方法对提出的关系假设进行验证。研究结论对政府及不同位置的企业均具有一定的指导意义。

对于政府管理部门而言，应通过政策手段帮助各类型的企业营造出良好的创新网络环境。政府管理部门对于具有网络优势位置企业可以提供资金补贴或者税收减免的优惠，鼓励这类优势企业大胆创新，并借由优势企业网络位置的纽带联系带动更多企业投入创新的浪潮中，从而提升我国制造业及创新产业在全球价值链上的地位。对于处在网络边缘的企业，政府管理部门除了适当的研发补贴之外，还需要引导这类企业向优势企业看齐，鼓励它们利用模仿学习的方法拉近同优势企业之间的技术差距。另外政府管理部门还可以利用技术引进补贴的方式引导创新企业或技术能力水平较低的企业加入创新网络当中，利用网络资源充裕及整体技术水平较高的优势来帮助这类企业提高创新能力。

从企业发展角度而言，企业应当积极参与社会网络，网络位置可以赋予网络成员多种优势，进而帮助企业提升创新能力。处于网络核心位置的企业，可以控制信息流动方向和速度，并从中获得关键性的信息，所以核心企业更应增加研发投入，利用位置优势取得创新成功。对于非核心位置企业而言，其信息来源渠道较为有限且技术能力水平不高，因此这类企业可以选择模仿创新的方式学习核心位置企业的知识和技术，通过该途径可以有效节省企业的创新成本，并且通过阶段性的学习积累可以有效提升非核心企业的技术能力。从网络整体发展的角度而言，核心位置企业应当加强在创新研发上的投入，通过领头羊的效应带动其余网络成员研发积极性的提高，实现整体网络创新能力的增长；另外，应当充分利用信息优势和控制优势将其未能及时使用的资源及信息扩散给网络内部的其他成员，鼓励并促进网络成员形成良好的创新氛围，这样既有利于非核心企业提升技术创新能力，同时也有利于巩固其在网络中的地位和声望。最后，企业在创新过程中应该合理保持创新开放度水平，避免高开放度给企业创新带来负面影响，着重吸引有技术互补性或者携带大量价值创新资源的潜在合作伙伴，通过相互间的技术学习和创新知识传递，达到共同提升创新能力的目的。

第三篇　网络演化与企业研发投入

第 7 章　ICT 行业技术创新网络特征及其演化分析

我国计算机、通信和其他电子设备制造业（ICT[①]行业）市场繁荣，是国民经济的支柱性产业之一，也是现阶段我国调整产业结构、实现转型升级的重要一环，但与发达国家相比，该行业的整体水平还存在一定的差距，很多关键技术仍然受制于人，需要加强技术创新才能缩短技术差距。鉴于闭门造车式的创新战略已然不能满足企业发展需求，研究技术创新网络特征和演化规律成为探索如何提高 ICT 行业整体创新水平的可行路径（高霞和陈凯华，2016）。本章根据证监会 2012 版行业分类标准，利用 ICT 行业 A 股上市企业的联合申请专利数据构建技术创新网络，通过对该行业整体网络特征与演化进行分析，从而为后续深入分析网络特征与企业创新绩效关系提供现实依据。

7.1　技术创新网络

7.1.1　技术创新网络的概念

关于技术创新网络的定义学者们开展了广泛的研究。Freeman（1991）提出创新网络是组织为了实现创新所建立的制度，通过组织间创新合作关系搭建网络基本架构。刘兰剑和司春林（2009）认为技术创新网络是由多主体参与，为了实现产品或工艺创新在信息化背景下完成知识共享的、松散耦合的技术创新合作组织，网络主体共同参与创新、开发新产品和扩散创新。党兴华和郑登攀（2011）提出创新网络和技术创新网络在很多情况下都可以视为等同。刘兰剑和项丽琳（2019）

---

① ICT：information communications technology，信息、通信、技术。

认为技术创新网络是在创新系统背景下组织以激发技术创新为目的所关注的组织间关系的架构。网络成员之间通过彼此间的联系进行资源互换和信息互通。网络中的行动者及其之间的联系可以抽象为节点与连线，节点间的联结，代表了主体间的合作关系。网络中新节点的加入、旧节点的退出以及现有联系的重组使得网络处于一种活跃的状态中，并对网络中的行动者产生影响。

7.1.2 技术创新网络位置

网络是一种中观视角下由行动者及其之间的联系构成的全新的组织形态（徐勇和邱兵，2011）。网络中的行动者都与其他网络主体建立连接，主体间的联系决定了主体在网络中的位置。网络位置在某种意义上表征个体与外界交互的渠道，是网络地位的重要体现，决定了节点从网络中获取知识、技术等创新资源的能力（张利飞和王杰，2017）。

学者们大多用中心度和结构洞刻画网络位置。Burt（1992）认为中心度是衡量与组织存在直接联系的网络行动者数量的指标，可用来考察企业在网络中充当中心枢纽的程度。结构洞则是用来表征企业在网络关系中所处位置的另一重要指标，强调本没有直接联系的企业通过结构洞可以实现间接合作及资源互换。中心度可以代表企业在网络中获取信息，影响其他主体做出决策的能力（陈培祯和曾德明，2019）。中心度越高表示企业与网络中更多主体具有联系，通过更短的路径与网络其他主体产生联系，往往更容易收集网络中的信息和知识，成为网络资源的"汇聚地"（Lavie，2006）。联结关系的增加意味着企业可以汇集不同组织的异质性知识和资源，拥有更多的发展学习机会，提升自己的合作吸引力（曾德明等，2012）。组织越接近网络中心，汇聚信息和知识的路径越多，有效利用网络资源有利于企业把握市场方向、创造新的知识。

Burt（1992）提出结构洞概念后，结构洞理论成为学者们研究网络的另一个重要视角。结构洞位置具有信息和控制优势，作为网络中信息和资源的"集散中心"，可以控制信息的流动方向，由此在网络中获得了更大的影响力。没有直接联系的企业，通过结构洞企业形成间接联系，结构洞企业因此获得了大量的异质性资源，信息优势能够帮助企业抓住潜在的创新机会，降低创新风险，提高企业创新积极性。张华和张向前（2014）探究了结构洞的形成机制，发现结构洞位置与个体过往在合作网络中的结构洞和中心性位置有关，并提出网络异质性阻碍了企业占据结构洞位置。李昕和杨皎平（2020）则认为企业拥有大量的结构洞是实现创新的新途径。

少数学者从动态视角研究网络位置。网络位置优势能为企业带来额外收益，因此很多企业会采取措施以占据更为优势的网络位置（陈祖胜等，2018）。李国强等（2019）论证了企业网络能力有利于企业实现网络位置向上跃迁。徐建中和徐莹莹（2015）认为提升企业协同能力是企业占据更好的网络位置的有效途径。除了自身的能力和努力外，企业原来的网络位置对其网络位置动态演化也有重要作用。占据优势网络位置的企业往往在网络中能接触到更多的行动者，且有更好的声誉和威望，能吸引其他组织来寻求合作，形成锦上添花的态势（李昕和杨皎平，2020）。

7.2 自我中心网络及其演化

自我中心网络是以特定组织为中心而往外扩展出去的网络，表征的是一种微观视角下的组织关系，可用于分析组织关系的特征。企业与不同合作伙伴间的合作关系强弱和合作程度深浅组成了网络中功能各异的子网，形式各异的子网的运行影响网络中知识流动和信息传递（Bertrand-Cloodt et al., 2011）。

企业合作关系的动态变化引起自我中心网络演化。在网络运行和管理的过程中，企业需要有稳定的合作关系，以建立深度融合、高信任水平的合作关系；同时，也要踊跃寻找新的合作伙伴，通过拓展合作宽度，以多源获取非重复的创新资源，维持网络的动态性来取得持续的竞争优势。维持合作关系是指企业维持现有的协同创新状态，加强联系与互相理解，在当下的研究和合作创新基础上扩宽合作面、加深合作点。当网络成员间的创新默契逐渐增大到一定程度时，就会形成稳定的组织关系，促进知识在不同主体间的流动。

建立新的合作关系即组织为自身发展需要寻求新的合作伙伴，为组织带来新的、异质的知识与资源，丰富创新思维与科研技术，进而刺激组织创新（Dahlander and McFarland, 2013）。通过拓展合作宽度，组织可用多源获取非重复的创新资源，维持网络的动态性来取得持久的竞争优势。新的合作关系可以拓展企业的创新领域，获取知识溢出效应带来的丰富的异质资源，促进新产品研发或生产技术的改进，但企业建立和维持合作关系是需要付出代价的。一方面，企业每一个合作伙伴都有其独特的合作制度和流程（Danneels, 2002），企业必须付出更多的精力去适应增加的联系，合作过程中遇到的挑战也会随之增加（Duysters and Lokshin, 2011）。另一方面，合作关系增加对企业创新管理能力提出了更高的要求。每个组织都有巨大的知识存量，且不同组织之间存在知识壁垒，如果企业的知识基础和学习能力不足，反而会被分散创新注意力，不利于企业提升创新绩效

（Duysters et al.，2012），所以，企业在维持现有合作关系、不断寻找新的合作伙伴的同时，也要适时停止一部分的合作关系。Makino 等（2007）认为有两种情况导致关系断裂，一是合作关系建立的最初目标完成后，合作关系随之结束；二是企业意料之外的内外部及伙伴间关系的变化，阻碍了合作关系继续而导致关系断裂。

围绕合作网络的动态变化，学者们基于不同的角度开展一系列的研究。Liu 和 Guan（2015）从增加和减少的合作伙伴数量考量合作网络的动态演化。刘俊婉等（2016）构建中国科学院院士的科学合作网络，从网络中节点的进入、在位和退出的角度研究合作网络演化规律。崔芳等（2017）将自我中心网络动态描述为个人网络特征、网络规模、网络密度的变化。郭建杰等（2019）等将产学协同自我中心网络动态划分为稳定性和扩张性两个维度。刘娜等（2019）构建发明者自我中心网络，分析网络稳定、网络扩张和网络衰退对知识搜索的影响。

7.3 自我中心网络、整体网络与企业技术创新

7.3.1 技术创新网络位置与企业创新

现有研究多基于整体网络特征来研究网络与创新之间的关系。大多数研究认为较高中心度有利于企业开展创新（陈培祯和曾德明，2019）。网络中心位置优势为组织收集网络资源提供了便利，而且该位置便于组织与更加优秀的网络成员接触，学习优秀伙伴的创新经验，并运用到企业经营中来，以提高企业绩效（董保宝，2013）。彭伟和符正平（2012）通过实证分析认为联盟网络的中心度位置显著促进企业创新绩效。施宏伟和康新兰（2016）认为中心度特殊位置可以给企业带来控制收益，这种收益是由于占据网络位置优势给企业带来资源获取、信息控制及效用改善的利好，从而提高企业创新效率。李永周等（2018）主要从网络中心度维度衡量结构嵌入，调查发现结构嵌入对创新过程和创新结果都有显著正向影响。

Uzzi（1997）研究发现结构洞位置可以帮助企业分辨出更加优秀的合作伙伴，更快获取市场信息，把握创新机会，从而增加创新活动效益。徐建中和徐莹莹（2015）实证分析了环渤海地区制造业企业技术创新情况，发现结构洞位置对技术创新绩效有显著影响。也有部分研究认为结构洞位置对企业创新活动有不利影响。例如，Shipilov 和 Li（2008）认为企业并不能够完全辨别出网络中有利的信息，也很难通过结构洞预测合作伙伴的行为，反而企业需要增加投入来处理由结构洞

带来的大量信息，因此，结构洞会阻碍企业创新发展。此外，部分学者提出结构洞与企业创新的关系并不是线性的，适量的结构洞扩大了企业可接触信息的多样性，但占据过多的结构洞则会分散企业的时间和精力。例如，马玎等（2018）探索了九大低碳产业研发网络，发现结构洞与企业探索式创新有倒"U"形影响，并且会受到网络密度的负向调节作用。简而言之，结构洞与企业创新的关系还未形成统一结论，原因可能在于创新是一个复杂的过程，在不同情形下结构洞对企业创新可能会产生不同的影响。

7.3.2　自我中心网络与整体网络的关系

基于微观和中观视角，可将网络分为自我中心网络和整体网络，整体网络是自我中心网络的存在环境，个体网络是整体网络的组件（Provan and Fish，2007）。学者们注意到企业自我中心网络和整体网络之间会互相影响，他们从不同视角探究这两类网络之间的联系。彭伟和符正平（2012）从社会网络视角提出结构洞的出现和消失是理解多边联盟演化路径的关键，联盟成员为了获得结构洞利益，更有动机改变现有的合作关系、调整联盟结构。Ahuja（2000）认为现有网络对网络嵌入性动态演化会产生影响。Everett 和 Borgatti（2005）探讨了整体网络中心性与自我网络中心性的关系，得出它们之间高度相关的结论。崔芳等（2017）构建关键研发者自我中心网络，发现个体网特征变化会引起整体合作网络和知识网络中介中心势变化。

7.4　ICT 行业技术创新网络演化分析

7.4.1　样本选取与数据来源

联合专利是合作创新成果的重要体现（刘晓燕等，2013）。通过专利申请人明细了解专利联合申请情况，从而用于合作创新的相关研究。由于上市企业相关数据容易获取，故以 A 股 ICT 企业为研究对象，以国家重点产业专利信息服务平台的专利申请人信息作为研究数据的主要来源，根据以下指标情况筛选研究样本：①专利数量。本章主要关注企业技术创新合作情况，因此，根据企业在研究期间内是否有专利申请记录及申请数量情况来判断该企业是否被选为研究样本。②合作申请人情况。在专利申请信息中，如果专利申请人拥有包含焦点企业在内的多个申请人，那么认为该企业与其他申请人之间是技术创新合作关系，然后根据企业间的联合专利申请信息构建企业的自我中心网络，并最终整合出该行业的技术创新网络。③合作期间。已有研究表明，大多数企业创新合作关系一般维持 3~5 年，考虑到企业年报数据的可得性，关注 ICT 行业企业在 2013~2018 年技术创新合作情况，共筛选得到 423 个样本。

从联合申请专利出发，通过联合申请人明细可得以专利合作为基础的企业自我中心网络，观察不同年份的合作关系可以得到样本企业自我中心网络演化相关指标；利用社会网络分析方法，分别构建 2013~2018 年 ICT 行业的技术创新网络，初步分析网络规模、参与主体构成、网络拓扑结构演化特征、网络位置指标等有何规律，然后选取典型企业分析其自我中心网络演化规律，以期为企业制定合作创新战略提供指导。

7.4.2 网络构建与预分析

首先根据企业在观测年份是否有联合申请专利筛选样本企业，其次构建样本企业的 0-1 关系矩阵。如果企业与其他企业、学研机构、政府机构等共同申请专利，那么认为它们之间具有技术创新合作关系。将存在联合申请专利的组织间关系赋值为 1，否则为 0。构建的关系矩阵不考虑方向，即 A 与 B 有联系就认为 B 与 A 有联系。根据联合申请专利人信息，单个企业的关系集合构成企业的自我中心网络，根据多个企业的关系集合最终整合出该行业每一年的技术创新网络。

剔除在观察期间没有专利申请记录的企业后，将专利申请总数分为联合申请专利数和独立申请专利数两类。在专利申请信息中，如果专利申请人拥有包含焦点企业在内的多个申请人，则认为该项专利是联合申请专利，反之则为独立申请专利。最终绘制了样本企业专利类型占比及专利申请总数变化趋势图如图 7.1 所示。由图 7.1 可见，虽然 2018 年较 2017 年专利申请总数有少许下降，但 2013~2018 年样本企业的专利申请总数总体呈增长态势，说明样本企业的总体创新能力有所增强。2013~2018 年，样本企业的联合申请专利数在专利申请总数中的占比都在 30%上下浮动，可见联合申请专利在企业技术创新绩效中占有一席之地，合作创新已经成为该行业企业开展创新活动的一个重要部分。独立申请专利数在专利申请总数中的占比则都在 70%左右，说明独立创新仍然是该行业企业创新战略的重点，高新技术企业必须拥有自己的核心知识和关键技术，持续开展创新活动，并通过合作创新补充动能。

图 7.1 专利类型及数量对比图

7.5 ICT 行业网络演化特征分析

7.5.1 网络规模及主体构成变化

通过汇总 2013~2018 年 ICT 行业技术创新合作情况构建每一年的整体网络，网络规模及主体构成如图 7.2 所示。2013~2018 年 ICT 行业的技术创新合作网络规模分别为 199 个、212 个、244 个、287 个、320 个、274 个，其中，企业参与主体数分别为 175 个、185 个、220 个、249 个、279 个、257 个，2017 年网络规模最大，2013 年网络规模最小，2018 年相较于 2017 年而言，网络规模和企业参与数量都有所下降。从技术创新网络参与主体类型来看，企业是网络的主要参与主体和网络规模扩大的主要力量。学研机构也在网络中扮演了重要角色，大学和研究所拥有更专业的创新人才队伍及更多的创新资源，企业可以积极与学研机构建立联系，获取学研方知识和资源，补充到创新活动中，学研机构则可以在产学研合作过程中了解市场需求，提高自身创新的实用性。少量政府部门及其他机构参与到技术创新网络中来，但数量和变化都不大。

7.5.2 网络拓扑结构演化特征

根据 ICT 行业网络拓扑结构演化情况可知，2013~2018 年 ICT 行业技术创新网络规模显著扩大，节点数和网络连接数量都有所增加，每一年的网络中都存在聚集的"小世界"，网络整体呈现分散结构，有较为明显的"小世界"特征。

图 7.2 网络规模及主体构成

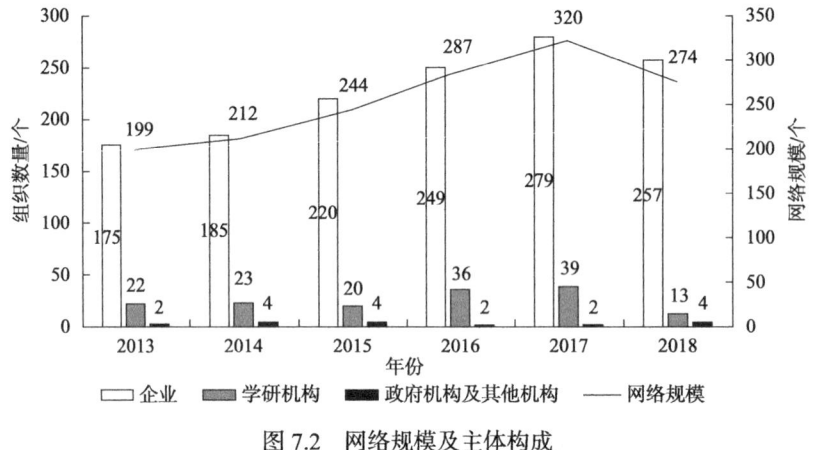

为了更加全面地分析 ICT 行业技术创新网络结构特征的变化，运用社会网络分析工具计算得到了各年的网络规模、平均度数、网络中心性、网络密度、集聚系数和平均路径长度 6 个指标，结果见表 7.1。

表 7.1 ICT 行业技术创新网络结构演化特征

指标	2013 年	2014 年	2015 年	2016 年	2017 年	2018 年
网络规模	199	212	244	287	320	274
平均度数	2.151 0	1.981 0	1.951 0	1.927 0	1.981 0	1.890 0
网络中心性	0.101 3	0.091 0	0.087 3	0.081 0	0.088 1	0.100 0
网络密度	0.010 7	0.009 3	0.008 0	0.006 7	0.006 2	0.006 9
集聚系数	0.716 0	0.690 0	0.642 0	0.667 0	0.668 0	0.676 0
平均路径长度	2.578 0	2.301 0	3.180 0	2.000 0	1.828 0	1.746 0

由表 7.1 可知，ICT 行业技术创新网络成员的平均度数在 2 上下波动，即每个网络成员平均大约有两个合作者。随着网络规模的扩大，即不断有新的组织加入技术创新网络中来，每个节点所拥有的平均合作者数量并没有增加，说明虽然越来越多的组织有技术创新合作行为，但每个组织平均建立技术合作创新联系的数量比较稳定。

网络中心性越大说明整个网络中心越集中于部分重要节点，网络节点间的联系越紧密。ICT 行业技术创新网络中心性总体呈"U"形走势，在观察期间内，网络并未出现明显的核心节点，而且随着网络规模的扩大，节点间联系紧密程度有降低趋势。

观察期间内，ICT 行业技术创新网络密度总体呈现出变小的趋势。可见，随着规模的扩大，网络中的平均联系数量并没有随之增加，网络整体趋于松散结构。

单个节点的集聚系数表示该节点的自我中心网络的紧密程度，所有节点的集聚系数的均值为网络的集聚系数。ICT 行业网络集聚系数在 0.64 到 0.72 范围间波动，集聚系数较大。

网络中任意两个节点要建立联系需要通过的节点数称为路径长度，网络平均路径长度整体呈现出变短的趋势，说明网络成员要建立起新的合作关系需要通过的节点数减少，网络成员间建立新联系的门槛有所降低。

平均度数、网络中心性、网络密度、集聚系数和平均路径长度可以反映网络成员间联系的紧密程度与拓扑结构特征。网络拓扑结构会影响网络节点成员的行动和选择，联系紧密的网络能更好地传递信息和资源，节点间能加强交流互通，提高相互了解和信任水平，但同时会影响成员寻求外部发展并阻碍新成员的进入，导致网络僵化。网络平均度数和网络中心性波动较小，网络规模不断扩大，说明网络成员间联系强度较为稳定，网络整体有逐渐向好的趋势发展的表现。高集聚、短路径是"小世界"网络的典型特征（Watts and Strogatz, 1998），ICT 行业的技术创新网络集聚系数保持较高水平、平均路径长度总体呈现下降趋势说明 ICT 行业技术创新网络一直有"小世界"网络特征，且这种特征在近年来更加突出，网络密度随着网络规模的扩大而变小，网络整体趋于松散。

7.6 ICT 行业网络位置特征分析

网络中每个主体都与其他网络主体建立连接，主体间的联系决定了主体在网络中的位置。网络位置会影响企业的网络地位及获取外部资源的多少（Burt and Minor, 1983），占据优势网络位置的企业一般有更好的创新绩效（李敏等，2017）。企业是具有主观能动性的个体，由于合作过程中信息是不完全对称的，企业会根据现实情况不断变换网络联系以期获取更大利益。企业一方面会维持现有联系深入合作，也会在网络中积极建立新的联系以多源获取信息和资源，同时也可能停止一部分合作关系，以达成其他目标。网络中所有企业合作关系的动态变化，即企业自我中心网络的演化，共同决定了整体网络的演化方向，与此同时，企业所处网络位置也随企业合作关系变化而变化。因此，测度企业所处网络位置的变化，可以初步探索企业自我中心网络演化和整体网络之间的关系。学界普遍用中心度和结构洞表征网络位置。

7.6.1 网络中心度位置测度

中心度是衡量网络节点在网络中重要程度的指标,代表节点的网络位置。一般可用程度中心度、中介中心度、接近中心度测量网络中心度(罗家德,2010)。

1. 程度中心度

程度中心度代表观测主体与其他网络成员的联结数量,也就是说,一个节点的程度中心度越高,则与越多的网络成员建立了技术合作创新联系,该节点在网络中越重要,并处于更加核心的位置。与更多的组织有直接联系,便于企业获取更多的外部异质性知识,有利于企业把握市场动态,广泛了解技术更新程度,激发创新灵感。表 7.2 列出了 2013~2018 年的 ICT 行业技术创新网络中程度中心度排名前六的组织。

表 7.2 程度中心度排名

排序	组织名称	程度中心度	排序	组织名称	程度中心度
2013 年			2016 年		
1	京东方科技集团股份有限公司	22	1	京东方科技集团股份有限公司	25
2	中兴通讯股份有限公司	19	2	中兴通讯股份有限公司	22
3	宁波韵升股份有限公司	12	3	南京熊猫电子股份有限公司	8
4	南京熊猫电子股份有限公司	9	4	协鑫集成科技股份有限公司	8
5	宁波韵升磁体元件技术有限公司	8	5	协鑫集成科技(苏州)有限公司	8
6	宁波韵升高科磁业有限公司	8	6	天马微电子股份有限公司	7
2014 年			2017 年		
1	京东方科技集团股份有限公司	21	1	京东方科技集团股份有限公司	30
2	中兴通讯股份有限公司	21	2	中兴通讯股份有限公司	21
3	南京熊猫电子股份有限公司	9	3	广州视源电子科技股份有限公司	12
4	国家电网公司	8	4	南京熊猫电子股份有限公司	10
5	宁波韵升股份有限公司	8	5	烽火通信科技股份有限公司	8
6	北京中科三环高技术股份有限公司	6	6	东旭光电科技股份有限公司	8
2015 年			2018 年		
1	京东方科技集团股份有限公司	23	1	京东方科技集团股份有限公司	29
2	中兴通讯股份有限公司	18	2	广州视源电子科技股份有限公司	10
3	南京熊猫电子股份有限公司	9	3	东旭光电科技股份有限公司	10
4	宁波韵升股份有限公司	7	4	深圳市沃尔核材股份有限公司	8
5	南京华脉科技股份有限公司	7	5	广东劲胜智能集团股份有限公司	7
6	北京中科三环高技术股份有限公司	6	6	深圳市沃尔特种线缆有限公司	7

由表 7.2 可见，2013~2018 年 ICT 行业技术创新网络中，程度中心度排名前六的大都是该行业中的领头羊企业。其中，京东方科技集团股份有限公司在所有年份中程度中心度都排名第一，说明该企业拥有最多合作者，在网络中有最多联系。中兴通讯股份有限公司则在 2013~2017 年都排名第二，南京熊猫电子股份有限公司在 2013~2017 年也都榜上有名。以上企业在观测年份里拥有较多的合作者，在网络中的联结数量大，占据网络中的重要位置，相对于程度中心度较低的企业而言，能获取更多的网络资源。从另一个角度看，京东方科技集团股份有限公司是全球半导体显示产业龙头企业，中兴通讯股份有限公司是全球领先的综合通信解决方案提供商，南京熊猫电子股份有限公司则是我国电子行业的骨干企业。这三家企业自身综合实力强，构建了完整的技术创新体系，有丰富的知识积累和专业的研发人员队伍，创新能力突出，也因此可以吸引更多的外部组织与其建立合作创新关系，在行业中具有较大的影响力。国家电网公司在网络中也有较大的程度中心度，是我国重要的骨干企业，有雄厚的资源基础，响应国家号召，高举创新旗帜，不懈奋斗，在网络中占据重要地位。

除了京东方科技集团股份有限公司程度中心度稳居榜首外，其余组织的排名在六年间都有所变化，且每一年度排名第一和第五组织的程度中心度指标有较大差距，说明 ICT 行业技术创新网络中主体间联系情况差异较大。网络成员的程度中心度指标也一直处于变化之中。进一步对比样本企业不同年份的合作对象发现，不仅企业在每年的合作数量上产生变化，具体的合作对象也不尽相同，即企业的自我中心网络处于动态演化状态，合作关系的变化导致企业在网络中的程度中心度发生改变，网络位置发生改变，而所有节点企业合作关系变化的总和决定了网络演化方向。

2. 中介中心度

中介中心度表示网络节点的控制能力，用于衡量节点占据其余节点间最短路径的程度。Freeman（1977）认为中介中心度可以代表网络成员的网络地位。企业中介中心度越大，越多节点可以通过该企业与其他节点进行沟通和资源互换。因此，中介中心度高的企业可以多源获取网络资源，并且控制信息的流动方向，因此具有网络位置优势。表 7.3 列出了 2013~2018 年的 ICT 行业技术创新网络中中介中心度排名前六的组织。

表 7.3 中介中心度排名

排序	组织名称	中介中心度	排序	组织名称	中介中心度
\multicolumn{3}{c}{2013 年}	\multicolumn{3}{c}{2016 年}				
1	京东方科技集团股份有限公司	3.338	1	中兴通讯股份有限公司	0.953
2	中兴通讯股份有限公司	3.046	2	京东方科技集团股份有限公司	0.736
3	中国科学技术大学	2.256	3	南京邮电大学	0.304
4	奥维通信股份有限公司	0.21	4	大唐电信科技股份有限公司	0.196
5	天津大学	0.205	5	中航光电科技股份有限公司	0.069
6	宁波韵升股份有限公司	0.194	6	上海交通大学	0.069
\multicolumn{3}{c}{2014 年}	\multicolumn{3}{c}{2017 年}				
1	中兴通讯股份有限公司	2.370	1	京东方科技集团股份有限公司	0.858
2	京东方科技集团股份有限公司	0.948	2	中兴通讯股份有限公司	0.453
3	清华大学	0.794	3	广州视源电子科技股份有限公司	0.130
4	华南理工大学	0.564	4	中航光电科技股份有限公司	0.071
5	维信诺科技股份有限公司	0.422	5	南京熊猫电子股份有限公司	0.068
6	上海大学	0.289	6	烽火通信科技股份有限公司	0.055
\multicolumn{3}{c}{2015 年}	\multicolumn{3}{c}{2018 年}				
1	中兴通讯股份有限公司	3.593	1	京东方科技集团股份有限公司	1.094
2	京东方科技集团股份有限公司	2.896	2	广州视源电子科技股份有限公司	0.121
3	中国铁塔股份有限公司南京市分公司	1.095	3	东旭光电科技股份有限公司	0.114
4	南京华脉科技股份有限公司	0.976	4	青岛海信电器股份有限公司	0.046
5	清华大学	0.837	5	北京航空航天大学	0.043
6	北京大学	0.714	6	烽火通信科技股份有限公司	0.04

由表 7.3 可见，在 2013~2018 年中介中心度排名中，京东方科技集团股份有限公司和中兴通讯股份有限公司仍然排名靠前。相比于程度中心度的排名情况，中介中心度排名中出现了一些知名高校，如中国科学技术大学、清华大学、北京大学等高校在网络中拥有较大的中介中心性，说明高校在 ICT 行业的技术创新网络中占有比较重要的位置。高校与行业中的不同企业开展产学技术创新合作，没有直接联系的企业可以通过高校产生间接联系。与此同时，中介中心度较高的企业和高校具有更高的知名度与创新能力，有能力控制网络中创新资源的流动。高校拥有各个领域的丰富的知识，链接了各行各业的合作组织，尤其对于高新技术行业而言，要注重与高校建立合作创新关系，充分利用好高校的创新人才和资源，开展产学合作，弥补企业自身创新资源不足的窘境。

3. 接近中心度

接近中心度表示节点与网络中其他节点的距离远近。接近中心度等于节点与网络中其他节点的最短路径之和的倒数。接近中心度越大，意味着节点到达网络其他主体的距离越短，越容易与任意节点建立联系，网络中的信息和资源也更容易到达该点。表 7.4 列出了 2013~2018 年的 ICT 行业技术创新网络中接近中心度排名前六的组织。

表 7.4 接近中心度排名

排序	组织名称	接近中心度	排序	组织名称	接近中心度
\multicolumn{3}{c}{2013 年}	\multicolumn{3}{c}{2016 年}
1	京东方科技集团股份有限公司	0.636	1	中兴通讯股份有限公司	0.388
2	中兴通讯股份有限公司	0.636	2	大唐电信科技股份有限公司	0.387
3	中国科学技术大学	0.636	3	中航光电科技股份有限公司	0.387
4	中国科学院声学研究所	0.635	4	中国移动通信集团公司	0.387
5	东方有线网络有限公司	0.635	5	北京邮电大学	0.387
6	江苏省广电有线信息网络股份有限公司	0.635	6	同济大学	0.387
\multicolumn{3}{c}{2014 年}	\multicolumn{3}{c}{2017 年}
1	中兴通讯股份有限公司	0.562	1	京东方科技集团股份有限公司	0.345
2	华南理工大学	0.561	2	中兴通讯股份有限公司	0.336
3	清华大学	0.561	3	北京邮电大学	0.335
4	四川长虹电器股份有限公司	0.561	4	同济大学	0.335
5	浙江大学	0.561	5	清华大学	0.335
6	上海大学	0.561	6	复旦大学	0.335
\multicolumn{3}{c}{2015 年}	\multicolumn{3}{c}{2018 年}
1	京东方科技集团股份有限公司	0.523	1	京东方科技集团股份有限公司	0.408
2	中兴通讯股份有限公司	0.523	2	北京京东方显示技术有限公司	0.408
3	北京大学	0.523	3	北京京东方光电科技有限公司	0.408
4	上海交通大学	0.523	4	合肥鑫晟光电科技有限公司	0.408
5	华南理工大学	0.523	5	合肥京东方光电科技有限公司	0.408
6	清华大学	0.522	6	成都京东方光电科技有限公司	0.408

由表 7.4 可见，中兴通讯股份有限公司和京东方科技集团股份有限公司的接近中心度指标仍然在各个年度名列前茅，中国科学技术大学、清华大学、北京大学、同济大学、浙江大学、中国科学院声学研究所等学研机构也拥有较大的接近中心度指标。说明这些企业和学研机构在网络中与其他创新主体间的距离更短，拥有网络中心位置优势，相对于边缘企业而言，可以在更短的时间内与网络其他创新

主体取得联系,以更小的代价获取网络中的信息和资源。此外,2013 年度排名前六的组织的接近中心度指标相较于其他年份都更大,因为 2013 年 ICT 行业技术创新网络规模最小,根据接近中心度的计算规则,节点需要到达的节点总数较少,因此接近中心度值较大。说明在相同情况下,当网络规模较小时,网络中的信息和资源能更快速准确地流通到节点,网络中的行动者更容易与其他网络节点取得联系,因而可以促进网络成员间的交流合作。

7.6.2 网络结构洞位置测度

结构洞包括有效规模、限制度、效率和等级度 4 个指标。其中,限制度是指网络中企业利用结构洞的受限程度,衡量企业拥有结构洞的匮乏程度,在相关研究中受到学者的广泛关注。由于限制度是一种逆向测量,选取 1 与限制度的差衡量结构洞的大小。表 7.5 列出了 2013~2018 年的 ICT 行业技术创新网络中结构洞指标排名前六的组织。

表 7.5 结构洞排名

排序	组织名称	结构洞	排序	组织名称	结构洞
	2013 年			2016 年	
1	京东方科技集团股份有限公司	0.955	1	京东方科技集团股份有限公司	0.960
2	中兴通讯股份有限公司	0.902	2	中兴通讯股份有限公司	0.951
3	北京中科三环高技术股份有限公司	0.833	3	天马微电子股份有限公司	0.755
4	天马微电子股份有限公司	0.800	4	北京中科三环高技术股份有限公司	0.75
5	维信诺科技股份有限公司	0.800	5	南京熊猫电子股份有限公司	0.719
6	烽火通信科技股份有限公司	0.800	6	烽火通信科技股份有限公司	0.700
	2014 年			2017 年	
1	京东方科技集团股份有限公司	0.952	1	京东方科技集团股份有限公司	0.967
2	中兴通讯股份有限公司	0.947	2	中兴通讯股份有限公司	0.952
3	北京中科三环高技术股份有限公司	0.833	3	广州视源电子科技股份有限公司	0.917
4	天马微电子股份有限公司	0.800	4	烽火通信科技股份有限公司	0.875
5	广东风华高新科技股份有限公司	0.75	5	山东新北洋信息技术股份有限公司	0.800
6	烽火通信科技股份有限公司	0.75	6	南京熊猫电子股份有限公司	0.761
	2015 年			2018 年	
1	京东方科技集团股份有限公司	0.957	1	京东方科技集团股份有限公司	0.966
2	中兴通讯股份有限公司	0.937	2	广州视源电子科技股份有限公司	0.900
3	北京中科三环高技术股份有限公司	0.833	3	东旭光电科技股份有限公司	0.854
4	烽火通信科技股份有限公司	0.833	4	烽火通信科技股份有限公司	0.833
5	天马微电子股份有限公司	0.764	5	中兴通讯股份有限公司	0.800
6	浪潮电子信息产业股份有限公司	0.750	6	长园集团股份有限公司	0.750

由表 7.5 可见，京东方科技集团股份有限公司和中兴通讯股份有限公司在结构洞指标上仍然有突出表现。除此以外，北京中科三环高技术股份有限公司、天马微电子股份有限公司等企业，虽然在中心度位置测度中排名并不靠前，但在结构洞指标排名中榜上有名。结构洞理论强调网络中本没有直接联系的节点，而是存在以结构洞企业为链接人所形成的间接关系。由于处于桥接位置，当企业将互不联系的创新主体连接起来时，可以控制信息的流动，因此取得竞争优势。随着结构洞数量增加，汇集到企业的信息和资源随之增加，企业可以从中发现潜在的机会。京东方科技集团股份有限公司和中兴通讯股份有限公司自身联结了大量的合作者，作为合作伙伴间的联系"桥梁"，占据结构洞位置优势，增强了对网络成员的影响力，因而在网络中有较大权力。在网络中没有大量合作关系的企业，也可以通过成为"桥梁"占据结构洞位置，获取网络位置优势，提升在网络中的影响力。

7.7 自我中心网络演化分析

从以上关于网络拓扑结构和网络位置特征的测度可以发现：整体网络演化是网络中节点的进入、退出及节点间联系变化的中观体现，而每一个节点的自我中心网络的变化会引起节点网络位置的变化。因此，有必要分析个体的自我中心网络的演化情况。在 ICT 行业技术创新网络中，京东方科技集团股份有限公司和中兴通讯股份有限公司在中心度与结构洞位置测度中有突出表现，占据网络的优势位置，是整体网络的重要节点。因此，以京东方科技集团股份有限公司和中兴通讯股份有限公司为例，进一步分析节点联系的变化。

7.7.1 指标定义

单个企业的关系集合构成企业的自我中心网络。自我中心网络演化则表现在中心企业与其他组织的合作关系的动态变化上。参照 Yan 和 Guan（2018）、郭建杰等（2019）的研究，将稳定性指标定义为在第 i 年与第 $i-1$ 年都与中心企业有联合申请专利的合作组织数量；扩张性定义为第 i 年与第 $i-1$ 年相比，中心企业新增的合作组织的数量；衰退性指标定义为与中心企业在第 $i-1$ 年有联合申请专利，而在第 i 年没有联合申请专利的组织数量。通过对比 2013 年与 2014 年中心企业的技术创新合作关系情况，计算得到中心企业 2014 年自我中心网络演化指标，同理，分别得到 2015 年、2016 年、2017 年、2018 年的自我中心网络演化指标。

7.7.2 典型企业的自我中心网络演化分析

首先,运用 Ucinet 软件绘制京东方科技集团股份有限公司 2013~2018 年的自我中心网络图,根据该公司的网络演化可知,2013~2018 年京东方的自我中心网络规模分别为 22、21、23、25、30、29,总体呈现增长趋势。对比不同年份,京东方科技集团股份有限公司的技术创新合作伙伴也都不尽相同,因此,进一步计算该企业自我中心网络演化指标,见表 7.6。

表 7.6 京东方科技集团股份有限公司自我中心网络相关指标

年份	规模	稳定性	扩张性	衰退性
2013	22	—	—	—
2014	21	18	3	4
2015	23	17	6	4
2016	25	19	6	4
2017	30	22	8	3
2018	29	22	7	8

根据自我中心网络演化指标的计算规则,对比相邻年份中心企业的合作关系,可计算得到 2014~2018 年的自我中心网络演化指标。由表 7.6 可见,京东方科技集团股份有限公司 2014~2018 年自我中心网络稳定性指标分别为 18、17、19、22、22,扩张性指标分别为 3、6、6、8、7,衰退性指标分别为 4、4、4、3、8。可知,京东方科技集团股份有限公司在观察期间内有较为稳定的合作关系,同时也会不断寻找新的合作伙伴,并结束一部分合作关系,维持其自我中心网络一定程度的动态性。

同理,分析中兴通讯股份有限公司自我中心网络演化情况(表 7.7),2013~2018 年中兴的自我中心网络规模分别为 18、21、18、22、22、5,在 2013~2017 年总体呈现稳中向好局面。2018 年发生了美国打压中兴事件,中兴通讯股份有限公司也因此经历了"危机"(周灿等,2019)。中兴作为新一代信息技术产业的主力军之一,美国的禁购举措直接限制了公司的生存和发展。由此,中兴的创新活动也受到了严重影响,2018 年中兴通讯股份有限公司的自我中心网络规模骤减至 5。

表 7.7 中兴通讯股份有限公司自我中心网络相关指标

年份	规模	稳定性	扩张性	衰退性
2013	18	—	—	—
2014	21	8	13	10

续表

年份	规模	稳定性	扩张性	衰退性
2015	18	9	9	12
2016	22	6	16	12
2017	22	7	15	15
2018	5	1	4	21

对比相邻两年中兴通讯股份有限公司的技术创新合作伙伴变化，计算得到2014~2018年该公司自我中心网络演化指标。由表7.7可见，中兴通讯股份有限公司2014~2018年自我中心网络稳定性指标分别为8、9、6、7、1，扩张性指标分别为13、9、16、15、4，衰退性指标分别为10、12、12、15、21。相较于京东方科技集团股份有限公司的自我中心网络，中兴通讯股份有限公司稳定性指标数值较小，而扩张性指标和衰退性指标数值较大，即中兴通讯股份有限公司的自我中心网络稳定性较低而变化程度较大。

京东方科技集团股份有限公司和中兴通讯股份有限公司的自我中心网络在每一年都会有一定的调整。维持现有的合作关系、不断寻找新的合作伙伴、结束部分原有的合作关系都是企业合作创新战略的具体体现。自我中心网络演化的3种路径（即稳定性、扩张性、衰退性）共同决定了企业自我中心网络规模变化，并改变了企业在整体网络中所处的位置指标。企业自我中心网络演化，即企业技术创新合作关系的动态变化，必然会对企业开展合作创新活动及创新产出情况产生影响，也会改变企业所处的网络位置。

运用社会网络分析方法，从网络规模及主体构成变化、网络拓扑结构演化特征两方面考察整体网络演化特征，从网络中心度、结构洞两方面考察网络位置特征，并以京东方科技集团股份有限公司和中兴通讯股份有限公司为例，考察企业自我中心网络演化特征，得出以下结论：①合作创新是ICT行业创新战略的重要组成部分。联合申请专利形式的创新成果，是企业创新绩效的重要构成，样本企业的联合申请专利总数占专利申请总数的30%左右，技术合作创新在ICT行业中已然非常常见。②ICT行业技术创新网络规模在近几年呈现增大趋势，网络成员间联系强度较为稳定，并有"小世界"网络特征，网络整体结构趋于松散。③行业中的领头羊企业在网络中占据中心位置，网络地位超群。该类企业自身创新能力强，有雄厚的资本支撑和较强的营利能力，与众多外部组织建立了技术创新合作关系，在网络中有较大影响力。④学研机构是网络中的重要参与者。高校和研究所拥有大量的创新人才与丰富的创新资源可以缓解企业创新资源不足的窘境，尤其"双一流"院校拥有较高的知名度和影响力，学研机构在网络中扮演了重要角色。⑤网络主体的自我中心网络处于演化之中，合作关系的动态变化改变了企业在网络中的联系情况,也影响了企业所处的网络位置。

本章的研究结论对指导 ICT 行业企业创新有以下启示:①合作创新是企业提高创新绩效的有效途径,ICT 行业应大力推进合作创新进程,鼓励企业与合作伙伴深入合作,同时吸引更多企业加入网络中。企业应充分认识到合作创新带来的优势,并对合作过程可能存在的风险准备出相应的应对措施,到更广阔的外部环境中寻求合作。同时,企业也要不断提升自身的合作能力,充分利用网络资源,获取外部知识,学习新兴技术,在实践中不断提高自身创新水平,保持核心竞争力。②ICT 行业的技术创新网络具有高集聚、短路径的"小世界"网络特征,有利于资源在网络内的快速流动,便于成员间交流与合作,但企业不能局限于固有网络中,要不断寻找新的合作伙伴,尤其要尝试与掌握先进技术和知识的组织建立合作关系,紧跟创新潮流,攻克技术难关。③有少数行业领头羊企业在网络中占据中心位置,它们对整体网络及整个行业的发展水平有关键性影响。政府和网络管理者应将资源倾向这类企业,重点扶持一批有竞争力的企业,以带动整个行业发展。④鼓励大学和研究机构与企业建立合作创新关系,促进产学研合作发展。企业有实际需求,学研机构有创新实力,产学研联合起来共同创新,研发出有自主知识产权的高新技术,提高 ICT 行业技术水平和整体竞争力。⑤企业可以根据实际情况不断调整自我中心网络,提升动态应对能力,处理好合作关系变化导致的网络位置变化及合作创新活动变化带来的机遇和挑战,在创新道路上行稳致远。

第8章　福建省产学研专利合作网络特征与演化研究

随着开放式经济及知识经济的快速发展，合作创新这一模式凭借着共享创新资源、分散创新风险及降低创新成本的优势，逐渐被越来越多的创新主体所关注，产学研合作已成为推动我国创新发展的重要途径。企业需要创新技术，高等学校或科研院校则承担了技术提供者的角色。高校作为主要的知识溢出者，能够为合作企业提供国际或国内前沿理论知识（王珊珊等，2018）。有效的产学研合作有利于创新主体发挥各自的优势、提高科技成果的转化率、促进多样化创新要素的有效整合。

近年来，有关产学研合作网络的研究主要关注某一具体空间区域或某一特定产业范围，具体分析内容主要包括合作网络的形成、结构、演化趋势、影响效应、运行方式等方面。王珊珊等（2018）对华为公司产学研专利合作网络的属性、阶段、特点等方面进行了深刻的剖析。刘凤朝等（2011）研究了以中国"985高校"为中心构建的合作网络的结构特征及阶段性演变路径。另一部分学者针对不同的地域开展研究，如刘国巍（2015）专门分析了广西壮族自治区的专利数据，研究得出该区域的产学研合作网络的时空演化路径可分为模糊初成、无序蔓延及有序发展三个阶段。袁剑锋等（2017）通过构建我国的专利合作权重网络，进一步分析该网络中主体关系强度分布及演变情况。王朋飞等（2013）以镇江市为例对产学研合作网络的复杂性进行深入分析。学者们已从多个方面对产学研专利合作网络展开研究，然而，不同区域的产学研合作网络演化特征并不相同，这部分选取了国家知识产权局专利数据库，收集并处理了2010~2019年福建省产学研联合申请的专利数据，通过分析该网络的静态结构特征及动态演化趋势，有助于了解特定区域产学研专利合作网络演化情况。

8.1 数据来源与处理

为了能够较全面地研究福建省产学研专利合作申请情况，选择包括发明申请、实用新型及外观设计等三个方面的数据，检索国家知识产权局专利数据库从2010~2019年的专利数据。对申请主体的检索关键词分别采用"产、学、研"各自对应的关键词两两配对的方式，共可产生 47 组检索关键词的配对。其中，"产"指的是企业，选用的检索词为公司、集团、厂、企业，"学"指的是高等学校，选用的检索词为学校、大学、学院，"研"指的是科研院所，选用的检索词为研究所、科学院、研究院、研究中心、研发中心。专利检索式举例如下：申请日=2019 AND 申请（专利权）人=（学校 AND 研究所）AND 申请人所在国（省）=（福建）。根据以上方法，最终检索到的数据总量为 8 427 条。

对收集到的数据进行以下处理：首先，以申请号为筛选条件对所有数据进行去重处理；其次，由于本章关注的是产学研合作网络，需要的是不同主体联合申请的数据，故删除只有一个申请主体的数据，有些申请主体在研究年份期间曾更改过名字，将这些曾用名统一为现用名，以便后续更好地对数据进行分析处理。经过以上处理，最终得到 2 888 条联合申请专利，涉及的合作主体共 1 126 家。

8.2 专利合作网络规模

根据图 8.1 可知，福建省产学研合作申请的专利数量和主体数量在2010~2019年都呈波动性增长态势，且二者具有相似的变化趋势，当合作主体数目增多时，专利数目也相应地增多。申请主体数量由2010年的81家增长至2019年的304家，说明福建省产学研合作网络的节点不断增加，网络规模正逐步扩大，年平均增长率为 15.83%。申请专利数量由 2010 年的 73 条增长至 2019 年的 577条，年平均增长率为 25.82%。2010 年到 2012 年，申请专利数量与申请主体数量增长迟缓几乎保持同步，2012 年以后二者的数量明显开始增长，2015~2019 年，前者的总体增长速度远大于后者。二者数量的巅峰均为 2018 年，联合申请主体数量达到 355 家，联合申请专利数量高达 619 条，但 2018~2019 年二者的数量均呈现下降趋势。

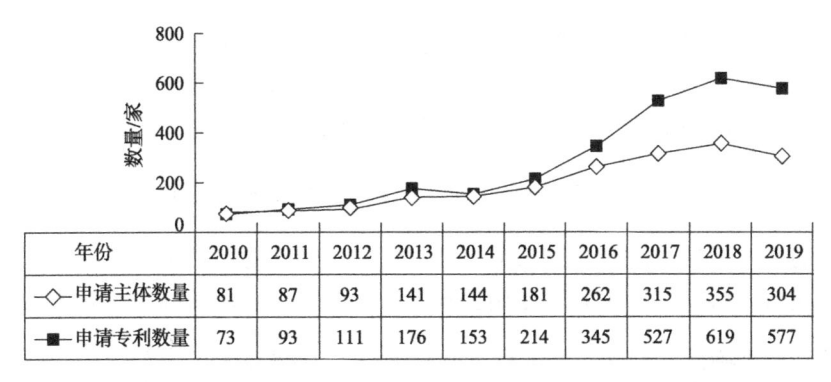

年份	2010	2011	2012	2013	2014	2015	2016	2017	2018	2019
申请主体数量	81	87	93	141	144	181	262	315	355	304
申请专利数量	73	93	111	176	153	214	345	527	619	577

图 8.1 2010~2019 年福建省产学研合作申请的专利数量和主体数量

产学研专利合作与国家及地方的创新政策有一定的关联性。近年来，福建省多措并举，以"五个突出"推进产学研合作。2015 年，国务院发布《关于深化体制机制改革加快实施创新驱动发展战略的若干意见》，其中指明要加大对科研工作的绩效激励力度，要强化普惠性政策支持，进一步增强企业在科技成果转化方面的主体作用，并且提倡进一步构建开放共享互动的创新网络。观察福建省产学研专利合作情况发现，在这些政策的支持下，创新主体之间的合作进一步提升，申请专利数量及申请主体数量增长趋势明显，网络规模进一步扩大。

8.3 专利合作网络结构特征

以筛选出的 2 888 条的联合申请专利数据为基础，借助 Pajek 网络分析软件，构建出福建省产学研专利合作网络并计算相关指标值。该网络由节点和边连接组成，1 126 家申请主体为节点，节点间的专利合作关系为边，且为无向网络。接下来从中心性、结构洞、集聚系数及小世界效应四个角度来衡量该网络的静态结构特征。

8.3.1 中心性

中心性主要用来评估网络中的节点所处中心位置的情况，侧面可以反映该节点在网络中的重要性。若某节点的中心性越高，则表明该节点的重要性更大。按照指标的侧重点不同，中心性包括度数中心性、接近中心性、中介中心性。

1. 度数中心性

在社会网络分析中，能够最直接表现节点中心性的测度指标是度数中心性，它侧重于衡量节点与邻点之间直接产生关系的能力。若节点在所处网络中的重要性越强，则表现为该点的节点度数值越大。该指标可以通过绝对和相对两种方式计算。若一个网络拥有 g 个节点，节点 i 的度数中心性表达式如下：$C_D(N_i) = \sum_{j=1}^{g} \chi_{ij} (i \neq j)$。在此种计算方式中，网络规模对节点度数中心性有较大的影响，因为更大的网络规模便意味着网络节点数量更多，则任意节点拥有更多相邻节点的可能性更大。所以，有学者对原始公式进行了改进，以求消除该影响因素对度数中心性计算准确性的影响，标准化后的测量公式为 $C'_D(N_i) = \dfrac{C_D(N_i)}{g-1}$。表 8.1 列出了合作网络中前 40 位专利申请主体的度数中心性。

表 8.1 合作网络中前 40 位专利申请主体的度数中心性

排序	专利申请主体名称	度数中心性	排序	专利申请主体名称	度数中心性
1	厦门大学	490	21	厦门万泰沧海生物技术有限公司	53
2	国网福建省电力有限公司	423	22	福建亿榕信息技术有限公司	53
3	国家电网有限公司	268	23	中国电建集团福建省电力勘测设计院有限公司	52
4	华侨大学	261	24	厦门威迪思汽车设计服务有限公司	52
5	国网福建省电力有限公司电力科学研究院	250	25	厦门市三泰合实业有限公司	51
6	福州大学	238	26	福建南方路面机械有限公司	51
7	厦门理工学院	180	27	福建省新能海上风电研发中心有限公司	49
8	福建工程学院	161	28	四川大学	47
9	中国科学院城市环境研究所	151	29	国网信通亿力科技有限责任公司	47
10	国网福建省电力有限公司经济技术研究院	122	30	晋江瑞碧科技有限公司	47
11	中国科学院大学	99	31	厦门市建筑科学研究院集团股份有限公司	44
12	武夷学院	96	32	圣永业（厦门）能源集团股份有限公司	42
13	厦门大学深圳研究院	90	33	江南大学	40
14	福建师范大学	79	34	厦门市政工程有限公司	38
15	福建农林大学	77	35	厦门市政沥青工程有限公司	37
16	国网信息通信产业集团有限公司	74	36	厦门市政工程研究所	37
17	集美大学	69	37	福建永福电力设计股份有限公司	36
18	泉州华中科技大学智能制造研究院	61	38	清华大学	34
19	福建圣永业能源科技有限公司	60	39	福建省农业科学院畜牧兽医研究所	33
20	厦门市圣永业能源研究所有限公司	60	40	福建安井食品股份有限公司	33

分析表 8.1 可知，厦门大学拥有最大的度数中心性，国网福建省电力有限公司紧随其后，这两个申请主体的度数中心性远大于排名第三的申请主体。排名前五的高校为厦门大学、华侨大学、福州大学、厦门理工学院和福建工程学院，其中厦门大学以 490 的度数中心性远超于高校排名第二的华侨大学。厦门大学作为福建省内唯一一所 985 高校充分发挥了自身的科研优势，广泛地与其他创新主体展开合作创新，在福建省产学研网络中扮演着重要的角色。除高校外，排名前五的单位为国网福建省电力有限公司、国家电网有限公司、国网福建省电力有限公司电力科学研究院、中国科学院城市环境研究所和国网福建省电力有限公司经济技术研究院。除高校外排名前五的单位中，国家电网公司的相关单位占据了四个席位，拥有着众多的合作者数量。作为能源领域的典型代表，国家电网及其相关研究所、研究院及分公司等一直致力于加强科技创新开放合作，贯彻落实国家创新驱动发展战略，广泛与外界进行专利的合作交流，从而促进合作主体间知识与资源的共享和互补，在福建省专利合作网络中具有重大的影响力。在度数中心性排名前四十的主体中，出现了四川大学、清华大学等 7 个非福建省的申请主体，说明福建省产学研专利合作组织也很重视与省外高创新能力的相关主体建立合作关系。

2. 接近中心性

接近中心性是反映依赖水平的节点间靠近程度的衡量指标。一个节点越与其他节点靠近，则在信息传播的过程中依赖于其他的节点数量越少，因为只有非核心节点需要依赖其他节点传播信息，受制于其他节点。接近中心性的计算表达式为 $C_P^{-1}(i) = \sum_{j=1}^{g} d_{ij}(i \neq j)$，$g$ 代表网络中的节点个数。当进行比较的节点所处的网络不相同时，计算接近性程度需考虑使用标准化指标来进行度量，表达式为 $\frac{C_P^{-1}(i)}{g-1}$。表 8.2 列出了合作网络中前 40 位专利申请主体的接近中心性。

表 8.2 合作网络中前 40 位专利申请主体的接近中心性

排序	专利申请主体名称	接近中心性	排序	专利申请主体名称	接近中心性
1	厦门大学	0.268 197	6	国家海洋局第三海洋研究所	0.221 410
2	国网福建省电力有限公司	0.248 124	7	福建中烟工业有限责任公司	0.216 898
3	中国科学院城市环境研究所	0.228 843	8	厦门厦工机械股份有限公司	0.216 279
4	国网福建省电力有限公司检修分公司	0.222 792	9	江苏隆昌化工有限公司	0.216 279
5	国网福建省电力有限公司厦门供电公司	0.222 221	10	厦门理工学院	0.213 538

续表

排序	专利申请主体名称	接近中心性	排序	专利申请主体名称	接近中心性
11	福耀玻璃工业集团股份有限公司	0.212 194	26	国家电网有限公司	0.198 841
12	国网福建省电力有限公司电力科学研究院	0.212 046	27	永悦科技股份有限公司	0.198 385
13	福建省农业科学院生物技术研究所	0.209 990	28	中广核太阳能开发有限公司	0.197 032
14	厦门凯纳石墨烯技术股份有限公司	0.208 906	29	厦门市政工程有限公司	0.196 904
15	厦门亿力吉奥信息科技有限公司	0.208 618	30	北京紫光英力化工技术有限公司	0.196 649
16	福州大学	0.208 475	31	柳州化工股份有限公司	0.196 649
17	福建省水利水电勘测设计研究院	0.207 761	32	柳州盛强化工有限公司	0.196 649
18	厦门钨业股份有限公司	0.205 928	33	广西柳州化工控股有限公司	0.196 649
19	福建工程学院	0.204 884	34	厦门大学深圳研究院	0.196 649
20	福建农林大学	0.204 815	35	福建龙溪轴承（集团）股份有限公司	0.196 649
21	福建湄洲湾氯碱工业有限公司	0.204 401	36	厦门致善生物科技股份有限公司	0.196 649
22	厦门虹鹭钨钼工业有限公司	0.203 033	37	重庆三圣特种建材股份有限公司	0.196 585
23	国网福建省电力有限公司经济技术研究院	0.202 897	38	厦门万泰沧海生物技术有限公司	0.196 585
24	厦门市波生生物技术有限公司	0.200 219	39	肇庆华锋电子铝箔股份有限公司	0.196 585
25	厦门立林科技有限公司	0.198 971	40	高要区华锋电子铝箔有限公司	0.196 585

整体网络中某节点的接近中心性越大，则意味着信息等资源能以更高的效率到达该节点，该节点更容易获得来自合作者的异质性资源。由表8.2可以看出，厦门大学的接近中心性最强，在该合作网络中距离其他节点最近，具有较大的信息资源、权力、声望等方面优势。厦门理工学院、福州大学、福建工程学院等高校也具有较大的接近中心性。除高校外，国网福建省电力有限公司、中国科学院城市环境研究所、国网福建省电力有限公司检修分公司等单位占据着排行榜前列。在前四十的接近中心性排名中，申请主体基本为公司或研究所，较少高校拥有着较高的接近中心性，可见在福建省产学研合作网络中，参与联合申请专利的企业比高校更容易接触到其他创新主体，从而进一步开展相关专利合作。

3. 中介中心性

中介中心性是以途径某个节点的最短路径数量来衡量节点重要性水平的测量指标，可用于衡量对信息资源的控制程度。若其他节点之间的最短路径上出现该节点的次数越多，则表明该点的中介中心性越高。网络中两个非相邻节点之间若要产生合作关系，则需依赖于两节点通路上的节点，此时这些路径上的节点便通过承担控制信息资源流向的角色来进一步影响两个非邻节点之间的相互作用。节

点 i 的中介中心性表达式为 $C_B(i)=\sum_{m\neq n\neq i}\delta_{m,n}(i)/\delta_{m,n}$，其中，$\delta_{m,n}$ 表示网络中节点 m 和节点 n 之间最短路径的数量，$\delta_{m,n}(i)$ 表示节点 m 和 n 之间最短路径中经过节点 i 的路径数量。表 8.3 列出了合作网络中前 40 位专利申请主体的中介中心性。

表 8.3　合作网络中前 40 位专利申请主体的中介中心性

排序	专利申请主体名称	中介中心性	排序	专利申请主体名称	中介中心性
1	厦门大学	0.322 549	21	福建省农业科学院畜牧兽医研究所	0.017 498
2	国网福建省电力有限公司	0.142 440	22	龙岩学院	0.017 094
3	福州大学	0.110 276	23	福建省农业科学院农业生物资源研究所	0.016 923
4	华侨大学	0.106 257	24	中国科学院福建物质结构研究所	0.016 828
5	国家海洋局第三海洋研究所	0.088 232	25	福州泓辉环保科技有限公司	0.016 716
6	中国科学院城市环境研究所	0.082 070	26	福建省农业科学院农业工程技术研究所	0.015 554
7	福建工程学院	0.080 954	27	福建安井食品股份有限公司	0.015 454
8	福建农林大学	0.075 475	28	厦门钨业股份有限公司	0.014 972
9	厦门理工学院	0.063 579	29	中国烟草总公司福建省公司	0.014 301
10	福建省农业科学院生物技术研究所	0.057 767	30	福建省水产研究所	0.014 119
11	厦门凯纳石墨烯技术股份有限公司	0.050 620	31	厦门虹鹭钨钼工业有限公司	0.013 430
12	福建师范大学	0.049 480	32	福建省固体废物处置有限公司	0.012 906
13	福建省农业科学院中心实验室	0.033 668	33	黎明职业大学	0.012 811
14	福建湄洲湾氯碱工业有限公司	0.032 694	34	福建凤竹纺织科技股份有限公司	0.012 742
15	国网福建省电力有限公司电力科学研究院	0.029 650	35	永悦科技股份有限公司	0.012 337
16	福建中烟工业有限责任公司	0.025 037	36	泉州师范学院	0.012 057
17	集美大学	0.023 407	37	福建师范大学福清分校	0.011 682
18	福建省林业科学研究院	0.020 086	38	宁德市富发水产有限公司	0.011 630
19	厦门市波生生物技术有限公司	0.018 044	39	国网福建省电力有限公司检修分公司	0.011 187
20	厦门斯特福科技有限公司	0.017 984	40	福耀玻璃工业集团股份有限公司	0.011 187

分析表 8.3 可知，厦门大学的中介中心性最高，且远领先于排名第二的国网福建省电力有限公司，福州大学及华侨大学紧随其后，其余申请主体的中介中心性均小于 0.1，这意味着这些中介中心性较高的创新主体充当着较为重要的"中介"角色，能够更快地获取或发送所掌握的信息资源，对信息流向具有更强的控制及分配能力，并且在搜寻所需的异质性信息资源或合作者方面具有优势，在专利合作网络中占据着重要的地位。排名较后的申请主体的中介中心性较小，则意味着他们在所研究网络中的控制能力较弱。

8.3.2 结构洞

Burt（1992）提出的结构洞概念是能够体现合作网络中节点属性的另一指标。结构洞作为中断关系的连接者，处于网络中拥有较大权力的位置，可以将与外部关系不紧密的不同网络小群体连接在一起，并扮演着连通、扩散知识和信息资源的角色（盛亚和范栋梁，2009）。在专利合作网络中，处于更多结构洞位置的节点代表它从不同地方获取信息的渠道更多、更方便，能够掌握更多、更新、更全面的信息与异质性资源，具有更强的竞争力，且有利于促进与其他专利申请主体间进行的协同创新，从而进一步提高技术创新水平和科技成果转化率。运用软件 Pajek 以凝聚约束系数计算结构洞指标。若凝聚约束系数值越大，表明该节点自身网络的闭合性越大，占据并利用结构洞的能力越小。具体分析时通常选用 1 与凝聚约束系数之差来度量结构洞指标。表 8.4 列出了合作网络中前 40 位专利申请主体的结构洞测量指标。

表 8.4　合作网络中前 40 位专利申请主体的结构洞测量指标

排序	专利申请主体名称	结构洞	排序	专利申请主体名称	结构洞
1	福建工程学院	0.965 526	21	国家海洋局第三海洋研究所	0.816 369
2	厦门大学	0.947 688	22	厦门市建筑科学研究院集团股份有限公司	0.808 932
3	福建师范大学	0.943 354	23	福建省水产研究所	0.802 926
4	华侨大学	0.940 729	24	福建省农业科学院农业质量标准与检测技术研究所	0.800 000
5	福州大学	0.936 081	25	国网福建省电力有限公司	0.794 044
6	福建农林大学	0.932 017	26	福建省农业科学院土壤肥料研究所	0.790 123
7	厦门理工学院	0.892 412	27	福建师范大学福清分校	0.785 586
8	集美大学	0.886 762	28	福建省建筑设计研究院有限公司	0.778 325
9	泉州师范学院	0.882 738	29	福建省电力有限公司	0.755 278
10	龙岩学院	0.879 424	30	宁德师范学院	0.748 608
11	福建省农业科学院畜牧兽医研究所	0.878 845	31	上海交通大学	0.734 694
12	福建省农业科学院生物技术研究所	0.863 905	32	厦门市吉龙盛环境工程有限公司	0.724 490
13	闽南师范大学	0.856 093	33	三明学院	0.723 068
14	福建省农业科学院农业工程技术研究所	0.849 609	34	福建省农业科学院农业生物资源研究所	0.720 174
15	厦门大学嘉庚学院	0.846 939	35	厦门钨业股份有限公司	0.718 364
16	东华大学	0.839 506	36	莆田学院	0.710 514
17	福建师范大学泉港石化研究院	0.836 193	37	清华大学	0.699 979
18	福建省农业科学院中心实验室	0.829 856	38	福建省农业科学院茶叶研究所	0.693 878
19	中国科学院福建物质结构研究所	0.823 045	39	中国电力科学研究院有限公司	0.680 380
20	福建江夏学院	0.818 436	40	国网福建省电力有限公司宁德供电公司	0.675 909

根据表 8.4 可知，福建工程学院、厦门大学、福建师范大学、华侨大学等高校位居结构洞指标排名的前列，且结构洞排名前十的申请主体均为福建省高校。由此可见，在福建省产学研专利合作网络中，高校由于在合作中的知识溢出覆盖范围更广，更容易占据网络中的结构洞位置，竞争优势比该网络中的企业单位更大。这些节点发挥着关键桥梁的作用，能够连接无直接交往关系的其他申请主体，填补网络中的结构洞，完善产学研合作申请专利网络，促进了不连通网络之间资源信息的整合与共享。

8.3.3 集聚系数

集聚系数反映的是节点的邻节点之间相互连接的程度。例如，在生活社交网络中，你的朋友认识你的另一个朋友的概率（王冰等，2005）。该指标的表达式为

$C_c = 3 \times \dfrac{\sum\limits_{k>j} \alpha_{ij} \alpha_{jk} \alpha_{ik}}{\sum\limits_{k>j} \alpha_{ij} \alpha_{ik}}$，分子表示网络中包括节点 i 的三角形个数，分母表示包含节

点 i 的连通三元组（缺少一边的三角形）个数。若某节点的集聚系数越大，则代表该节点的凝聚力越大。运用集聚系数指标的优势是能表明相邻节点的连接情况，劣势是无法表明邻近节点的规模大小（任卓明，2013），而节点度可以体现该节点与其他节点间直接联系的能力，故本章结合了节点的度数中心性情况，列举了合作网络中节点度排名前 40 位专利申请主体的集聚系数，如表 8.5 所示。

表 8.5 合作网络中节点度排名前 40 位专利申请主体的集聚系数

排序	专利申请主体名称	集聚系数	排序	专利申请主体名称	集聚系数
1	福建亿榕信息技术有限公司	0.035 714 3	12	厦门市三泰合实业有限公司	0.020 703 9
2	国家电网公司	0.035 196 7	13	圣永业（厦门）能源集团股份有限公司	0.018 633 5
3	国网信通亿力科技有限责任公司	0.033 126 3	14	厦门市政沥青工程有限公司	0.018 633 5
4	国网信息通信产业集团有限公司	0.031 943 2	15	厦门市政工程研究所	0.018 633 5
5	国网福建省电力有限公司	0.031 721 4	16	福建安井食品股份有限公司	0.018 633 5
6	国网福建省电力有限公司经济技术研究院	0.031 382 8	17	厦门万泰沧海生物技术有限公司	0.012 422 4
7	中国电建集团福建省电力勘测设计院有限公司	0.028 985 5	18	厦门威迪思汽车设计服务有限公司	0.012 422 4
8	国网福建省电力有限公司电力科学研究院	0.027 018 6	19	厦门市政工程有限公司	0.012 422 4
9	四川大学	0.022 360 2	20	福建永福电力设计股份有限公司	0.012 422 4
10	福建圣永业能源科技有限公司	0.021 739 1	21	江南大学	0.011 293 1
11	厦门市圣永业能源研究所有限公司	0.021 739 1	22	中国科学院大学	0.008 281 6

续表

排序	专利申请主体名称	集聚系数	排序	专利申请主体名称	集聚系数
23	福州大学	0.007 574 6	32	厦门理工学院	0.001 211 9
24	清华大学	0.005 521 0	33	福建农林大学	0.001 096 1
25	福建省新能海上风电研发中心有限公司	0.004 140 8	34	华侨大学	0.001 035 2
26	厦门市建筑科学研究院集团股份有限公司	0.004 140 8	35	厦门大学	0.001 009 3
27	福建工程学院	0.003 922 9	36	武夷学院	0
28	中国科学院城市环境研究所	0.003 623 2	37	厦门大学深圳研究院	0
29	福建师范大学	0.002 415 5	38	泉州华中科技大学智能制造研究院	0
30	福建省农业科学院畜牧兽医研究所	0.002 070 4	39	福建南方路面机械有限公司	0
31	集美大学	0.001 242 2	40	晋江瑞碧科技有限公司	0

根据表 8.5 可知，集聚系数排名前二十的申请主体基本为企业，可见相较于学研机构，企业凭借着其特有的资源及市场优势，在凝聚力方面表现得更为出色。其中，福建亿榕信息技术有限公司占据榜首，紧随其后的企业均与国网公司相关。高校或研究所拥有较低的集聚系数，基本占据着后二十的排名榜，其中出现了集聚系数为 0 的五个专利申请主体，分别为武夷学院、厦门大学深圳研究院、泉州华中科技大学智能制造研究院、福建南方路面机械有限公司、晋江瑞碧科技有限公司，说明这些节点的邻居节点之间并不相连。

8.3.4 小世界效应

小世界网络是介于规则网络（即所有节点仅与其最近邻居相关）和随机网络（即所有节点相关性是随机的）之间的一种网络状态，表现为网络具有较大的平均集聚系数（CC）和较短的平均路径长度（PL）。Cowan 和 Jonard（2004）指出，平均路径较短便意味着网络中任意两个节点可以通过较少的其他节点进行访问，网络中节点获取信息的效率得到了进一步的提高，有利于减少信息在传递过程中因各种原因造成的损耗量，方便了网络中不同的合作主体之间进行多样化思维的碰撞与交流。同时，较高的集聚系数意味着高聚集的网络间进行着频繁的联系。这不仅能牢固双方的信任基石，还能够通过降低信息传播的风险这一途径来降低创新主体的创新成本，进一步促进产学研主体之间的合作。需要注意的是，若不同合作主体之间的联系过于频繁即网络过于聚集，容易产生冗余路径及同质化信息。

对于小世界效应的定量衡量，Watts 和 Strogatz（1998）使用的方法是将实际网络的平均集聚系数 CC_actual 和平均最短路径长度 PL_actual 分别与同一规模随机网络的平均集聚系数 CC_random 和平均最短路径长度 PL_random 进行比较。具体而言，CCratio=CC_actual/CC_random 和 PLratio=PL_actual/PL_random，若 CCratio/PLratio≫1，则说明实际网络存在明显的小世界效应，反之则不存在（Freeman，1977）。本章利用 Pajek 中的无标度方法产生随机网络，通过设置与实际网络相同的网络节点数量及节点平均度来确保网络的规模大小相同。对两种网络的平均集聚系数和平均路径长度进行计算与对比，结果如表 8.6 所示。可以看出，CCratio 和 PLratio 的比值远远大于 1，即可以得出：福建省产学研专利合作网络具有一定的小世界特征。

表 8.6 网络的平均集聚系数和平均路径长度

指标	实际网络	随机网络	ratio
平均集聚系数 CC	0.863 731 096	0.006 580 508 957 226 09	131.255 971 477 941
平均路径长度 PL	4.776 47	3.138 86	1.521 721 261 859 4

8.4 专利合作网络演化特征分析

为明晰福建省产学研专利合作网络的演化特征，本章将所研究网络的形成过程划分为 2010~2014 年、2010~2015 年、2010~2016 年、2010~2017 年、2010~2018 年、2010~2019 年 6 个时间跨度。选取了节点数、平均度数等 5 个社会网络分析衡量指标，对这 6 个时间范围的网络进行详细的测度，结果见表 8.7。分析可得，从第一阶段到第六阶段，节点数对应地从 376 个增加到 1 126 个，网络规模扩大了近 3 倍；节点平均度数的稳定上升说明了该网络中平均每个申请主体的合作伙伴数量也有所增加，进一步表明了更多的创新主体参与到产学研专利合作活动中，网络中的异质性资源较丰富；随时间的推移，整体网络密度不断缩小。正是因为越来越多的合作主体参与到福建省产学研专利合作活动中，使得潜在联结边数的增量远大于网络中实际联结边数的增量，从而产生了网络密度降低的现象。这也从侧面反映出整体网络对于各个节点的约束能力偏弱，节点之间的联系程度不高，即该研究网络呈现出逐渐松散的结构演化特征；平均路径长度与最远路径长度的变化趋势类似，均是先增大后减小，但总体而言路径长度的趋势是不断增加的。这意味着网络中创新主体之间的距离逐渐拉远，紧密性不够强，也进一步证明该网络稀疏的特征。总体来看，福建省产学研专利合作网络的演化趋势为，网络规模越来越大，网络越来越稀疏。

表 8.7 合作网络的结构演化特征

指标	2010~2014年	2010~2015年	2010~2016年	2010~2017年	2010~2018年	2010~2019年
节点数/个	376	474	628	803	962	1 126
平均度数	3.734 043	4.354 430	5.140 127	6.286 426	7.139 293	7.850 533
网络密度	0.009 931	0.009 187	0.008 185	0.007 829	0.007 421	0.006 984
平均路径长度	3.891 38	4.542 80	5.309 81	5.297 95	4.892 37	4.775 67
最远路径长度	8	10	14	14	13	13

为了进一步探析福建省产学研专利申请主体的演变过程，本章计算了申请主体的度数比重即申请主体的节点度数与该时间段的总节点数目的比值，该值可理解为某申请主体与多少合作伙伴展开产学研专利合作。表 8.8 列出了每个研究阶段最活跃的 10 个申请主体。

表 8.8 合作网络中最活跃的前十个申请主体

排名	阶段一（2010~2014年）申请主体	度数比重	阶段二（2010~2015年）申请主体	度数比重	阶段三（2010~2016年）申请主体	度数比重
1	厦门大学	52.13%	厦门大学	51.48%	厦门大学	48.09%
2	华侨大学	12.23%	华侨大学	17.51%	国家电网公司	22.77%
3	福州大学	11.97%	福州大学	14.35%	华侨大学	19.43%
4	福建工程学院	10.90%	福建工程学院	12.03%	国网福建省电力有限公司	18.31%
5	厦门万泰沧海生物技术有限公司	10.37%	国家电网公司	11.18%	福州大学	15.76%
6	厦门理工学院	6.91%	国网福建省电力有限公司电力有限公司	9.70%	国网福建省电力有限公司电力科学研究院	13.38%
7	福建省农业科学院农业工程技术研究所	6.12%	厦门万泰沧海生物技术有限公司	8.23%	福建工程学院	10.03%
8	厦门市建筑科学研究院集团股份有限公司	5.59%	福建师范大学	8.02%	福建师范大学	7.96%
9	福建师范大学	5.05%	国网福建省电力有限公司电力科学研究院	7.81%	厦门理工学院	7.17%
10	中国科学院城市环境研究所	4.26%	厦门理工学院	7.17%	厦门万泰沧海生物技术有限公司	7.01%

排名	阶段四（2010~2017年）申请主体	度数比重	阶段五（2010~2018年）申请主体	度数比重	阶段六（2010~2019年）申请主体	度数比重
1	厦门大学	43.96%	厦门大学	45.43%	厦门大学	43.61%
2	国家电网公司	32.50%	国网福建省电力有限公司	33.78%	国网福建省电力有限公司	37.57%

续表

排名	阶段四（2010~2017年）		阶段五（2010~2018年）		阶段六（2010~2019年）	
	申请主体	度数比重	申请主体	度数比重	申请主体	度数比重
3	国网福建省电力有限公司力有限公司	30.01%	国家电网公司	27.86%	国家电网公司	23.80%
4	国网福建省电力有限公司电力科学研究院	21.67%	华侨大学	22.14%	华侨大学	23.18%
5	华侨大学	19.80%	国网福建省电力有限公司电力科学研究院	22.04%	国网福建省电力有限公司电力科学研究院	22.29%
6	福州大学	17.19%	福州大学	17.78%	福州大学	21.58%
7	中国科学院城市环境研究所	12.20%	厦门理工学院	13.72%	厦门理工学院	15.99%
8	福建工程学院	9.71%	中国科学院城市环境研究所	13.10%	中国科学院城市环境研究所	15.19%
9	厦门理工学院	8.22%	福建工程学院	9.88%	福建工程学院	14.12%
10	福建师范大学	6.72%	厦门大学深圳研究院	8.32%	国网福建省电力有限公司经济技术研究院	10.83%

分析表8.8中的数据可以发现：

（1）该产学研合作网络从无突出节点到出现少数重要节点转变。在早期的研究时间段中，除厦门大学外，其余的申请主体度数值均较低，即合作伙伴平均值较少。在阶段一，排名前十的申请主体平均度数值仅为12.6%。直至阶段六，最活跃的申请主体的平均度数值已达到22.8%。

（2）从阶段一到阶段六，在排名前十的申请主体中，企业出现次数越来越少，即企业在产学研合作方面的活跃度有待继续提高。表现最为明显的是厦门万泰沧海生物技术有限公司，该公司在2010~2014年，能以10.37%的比重在当期排行榜中位列第五，但在2010~2019年，该公司已逐步被其他申请主体替代，不属于该网络的活跃主体。

（3）近几年，最活跃的申请主体基本保持不变。在阶段四、阶段五、阶段六这3个阶段中，相较于上一研究阶段，各自的度数比重幅度一般保持在1%~2%，仅有个别最大幅度在5%上下。这意味着这些活跃主体也并非停滞不前，随着整体规模的扩大，申请主体也扩大了一定的合作广度。

基于以上研究，为推动福建省产学研专利合作提出以下建议：第一，建立产学研合作信息共享平台与交流平台。通过该平台集聚不同领域的创新知识与信息资源，有利于创新主体高效率地获取到所需资源或匹配到符合自身需求的优质合作伙伴，从而有助于进一步促进合作创新关系的开展即拓展合作广度。第二，福建省科技管理部门应积极落实合作创新激励机制、完善科研项目的资助方式，大力支持省内高校、科研院所、企业之间合作创新。第三，福建省不仅要积极促进省内的产学研合作，还应拓展与省外高创新能力的相关主体建立合作的联系，通过不断吸收外部创新活力激发福建省的科技创新活力。第四，对专利合作网络中的关键节点应积极地引导，最大限度地发挥其在网络中的主导作用。在网络中扮演重要角色的关键节点不但可以强强联手以更好地解决技术创新难题，而且还可以与边缘节点建立合作以达到优化网络创新资源配置的目的。

第9章　自我中心网络演化对企业合作创新研发投入的影响

由于市场竞争的加剧和技术创新难度的加大，越来越多的企业选择与其他组织建立创新合作关系以提升市场竞争力。随着参与主体的增加，企业间的合作关系逐渐演化形成创新合作网络，其中，特定企业的关系集合构成该企业的自我中心网络，多个企业的自我中心网络的连接形成了更加广泛的整体网络（Freeman，1979）。

自我中心网络和整体网络是企业开展合作创新的重要平台。企业作为具有主观能动性的个体通过不断制定和调整其技术创新合作关系战略来管理自我中心网络，企业一方面维持与现有合作伙伴合作的关系稳定性以加深彼此间的信任和了解，为扩宽合作领域和加深合作创造条件。另一方面，企业要积极寻找新的合作伙伴，通过拓展合作宽度接触到更多的异质性知识及多源获取创新资源。可见，以技术创新合作关系为基础的企业自我中心网络处于动态演化之中。个体网络是整体网的组件（Provan and Fish，2007），多个个体网络的连接形成产业整体网络、区域整体网络或集群整体网络，因此，整体网络是自我中心网络的依存的大环境。

已有学者开始关注企业自我中心网络和整体网络之间的关系。例如，彭伟和符正平（2013）从社会网络视角提出结构洞的出现和消失是理解多边联盟演化路径的关键，联盟成员为了获得"结构洞利益"，更有动机改变现有的合作关系和调整联盟结构。Ahuja 和 Mitchell（2009）认为现有网络对网络的嵌入性动态演化会产生影响。Everett 和 Borgatti（2005）发现整体网络中心性与自我网络中心性高度相关。崔芳等（2017）构建关键研发者自我中心网络，发现个体网特征变化会引起整体合作网络和知识网络变化。企业嵌入社会网络，所处网络位置会影响企业所拥有的网络权力，于是，企业会采取行动以改变所处网络位置，以期从网络中获得更多信息和知识（刘兰剑，2012）。综上可见，自我中心网络的演化对企业在整体网络的位置具有重要的影响。

虽然学者们针对网络嵌入性与企业技术创新的关系开展了较多的研究，然而，梳理文献发现，已有研究大多笼统分析网络关系、网络结构等网络静态指标对企业技术创新的影响，尚未见到针对企业网络的动态演化特征对创新影响的研究。虽然学者们已经意识到不同网络之间的相互影响关系，然而，鲜见关于自我中心网络与整体网络对创新影响的研究。创新网络中的局部微观结构对企业创新活动的影响甚至大于网络的宏观结构（郭建杰等，2019）。技术创新网络不是静止不变的，网络内联系数量、规模等的变化说明网络处于一个动态演化的过程中（蒋维平等，2017），企业所处网络位置会随着其在网络中联系的变化而产生变化。因此，研究网络对企业创新的影响应结合网络特征的静态指标和动态关系指标开展研究，也就是说，既要关注企业作为网络节点的位置特征，也要关注企业作为创新主体的合作关系的变化，因此，探究企业如何通过双重网络间的复杂作用机制影响创新成为一个重要的研究主题。

基于以上分析，本章基于过程导向探究自我中心网络演化的各种状态（包括稳定性和扩张性）对企业整体网络位置（包括中心度和结构洞）的影响，以及自我中心网络演化状态如何通过整体网络位置影响企业合作创新投入，研究结果有助于深化认识双重网络对创新投入的复杂作用机制，为指导企业更加有效地构建和管理以自我为中心网络以及嵌入更加广泛的技术创新整体网络提供理论依据。

9.1 理论分析与研究假设

9.1.1 自我中心网络演化与企业合作创新

网络化创新环境下，企业通过与合作伙伴保持长期稳定的合作关系，能够加强彼此间的信任和默契，从而为深度合作提供可能。为了扩宽信息渠道、获取更多异质性的信息，大多数企业还会积极建立新的合作关系，扩大自我中心网络规模（熊捷和孙道银，2017），可见，自我中心网络演化通常呈现稳定性和扩张性等不同状态。

嵌入技术创新合作网络的企业通过维持与合作伙伴的关系可以充分整合各方的资源，加强对其他企业的控制以应对市场环境不确定性。持续稳定的合作关系为企业间的信息流通创造了基础，增进了企业间的合作（Nieto and Santamaría, 2006）。根据组织学习理论，组织间建立并维持技术创新合作关系，有助于组织获得创新资源，为开展创新活动提供更多可能（Duysters et al., 2012）。关系资本理论则强调持续稳定的合作关系为企业间相互学习和信息流通创造了基础，降低了机会主义和不确定性。合作关系稳定可以通过不断优化各方之间的合作形式、促进组织间信息和资源的交流，从而促进组织间的合作创新。综上，提出假设9.1：

假设9.1：自我中心网络稳定性正向促进企业合作创新研发投入。

根据资源基础观，不同的合作伙伴可以为企业带来异质性知识资源，有助于企业动态能力提升并激发企业创新的积极性。周杰（2017）认为联盟成员的增加意味着丰富的知识投入创新。企业与更多组织建立合作关系，还能分担创新成本、分散创新风险。王海花等（2019）研究发现产学协同中合作关系的增加，可以加快区域间资源流动，增加企业的知识存量，有利于企业与更多组织建立协同创新关系。综上，提出假设9.2：

假设9.2：自我中心网络扩张性正向促进企业合作创新研发投入。

9.1.2 自我中心网络演化与整体网络位置

Dacin等（2007）指出企业的合作行为倾向决定了企业的网络位置。郑向杰（2014）认为网络的动态演化机制是网络结构的决定性因素之一。企业自我中心网络的不同演化路径通过改变合作伙伴关系导致企业网络位置变化（刘芸等，2019）。稳定的合作关系便于企业持续整合多方资源并在以其为中心的合作伙伴间交流、分享，从声誉机制的角度来看，企业间拥有持久稳定的技术创新合作关系会向外界释放正面的合作声誉，提升外部组织的合作意愿，从而提升该企业的网络位置（赵炎和刘忠师，2012）。当企业拥有其他组织难以轻易获得的高质量合作者及关键性资源时，外部组织更乐于与本企业建立连接以直接或间接获取创新资源。

随着自我中心网络的不断扩张，作为中心节点的企业能够连通现有合作伙伴和新增的合作伙伴，包含不同行业、不同目标、不同地域的组织（Dacin et al.,2007），企业能够获取更丰富的技术与知识。企业丰富的信息来源渠道，大大增加企业作为间接联系"桥梁"的可能性，其所占据的网络结构洞数量随之增加。综上，提出以下假设：

假设9.3：自我中心网络稳定性对提升中心度位置具有正向影响。

假设9.4：自我中心网络扩张性对提升中心度位置具有正向影响。

假设9.5：自我中心网络稳定性对提升结构洞位置具有正向影响。

假设9.6：自我中心网络扩张性对提升结构洞位置具有正向影响。

9.1.3 整体网络位置与企业合作创新研发投入

不同的网络位置能够帮助企业获得不同程度的信息和资源。优势位置利于企业筛选网络信息和资源，因此在合作创新活动中具有先发优势。

中心度强调企业与网络中其他创新主体间联系的数量。中心度越大，说明企业在网络中直接联系的组织越多，企业在网络中的影响力也可能越大。中心度较高的企业凭借较多的网络联系，可以获取丰富的网络信息和资源，特别是一些稀缺性的资源，有利于企业开展创新活动。而且，占据网络核心位置的企业凭借自己的影响力能够吸引更多的合作伙伴，企业可以从中筛选出更符合自身合作创新战略的伙伴开展高质量合作。综上，提出假设 9.7：

假设 9.7：中心度正向促进企业合作创新研发投入。

结构洞表示 3 个及 3 个以上行动者之间关联所构成的特殊结构，强调企业的"桥梁"作用，可用于衡量企业间联系的质量。占据结构洞的组织通常具有信息控制的优势，可以控制信息的流动方向和速率，从而实现对无直接链接企业的控制。企业占据结构洞越多，就可以搜集越多非冗余资源，有利于决策者更好地识别创新机会和判断风险。企业甄别有效信息并与自身优势资源相整合能够把握市场机遇、及时与合作伙伴开展创新合作。综上，提出假设 9.8：

假设 9.8：结构洞正向促进企业合作创新研发投入。

9.1.4 整体网络位置的中介作用

企业构建以自我为中心的技术创新合作关系，可以实现组织边界跨越，通过对外部知识网络的有效嵌入突破内部资源禀赋束缚。网络因节点的进入退出、联系的变化而处于活跃状态。企业自我中心网络的演化，即企业合作创新关系的变化，一方面直接决定了企业运行的合作创新项目数量，影响最终的合作创新绩效；另一方面则会改变企业在技术创新网络中占据的位置，并向外界释放企业与外部组织的合作信号。企业合作伙伴数量的多少决定了其网络中心位置，而关系质量则影响其网络结构洞位置。占据网络中心位置的企业与较多网络成员建立联系，可以利用自身的网络影响力，获取对自身创新活动有利的网络资源，促进创新。占据结构洞的企业可通过信息控制功能实现对无直接链接企业的控制，强化自身创新能力。企业拥有的结构洞越多，获取的创新资源越多就越有利于创新。

由此可见，企业自我中心网络演化，一方面会直接影响企业的创新行为和合作创新绩效；另一方面则会对其所处的网络位置产生影响，从而改变企业在网络中能获取的信息和资源，并引起网络中其他成员的行动变化，进而在网络层面影响企业创新。因此，提出以下假设：

假设 9.9：网络结构洞在网络演化稳定性和企业研发投入间起中介作用。

假设 9.10：网络中心度在网络演化扩张性和企业研发投入间起中介作用。

根据以上假设，本章构建了自我中心网络演化、整体网络位置与企业合作创新研发投入关系的理论模型，如图 9.1 所示。

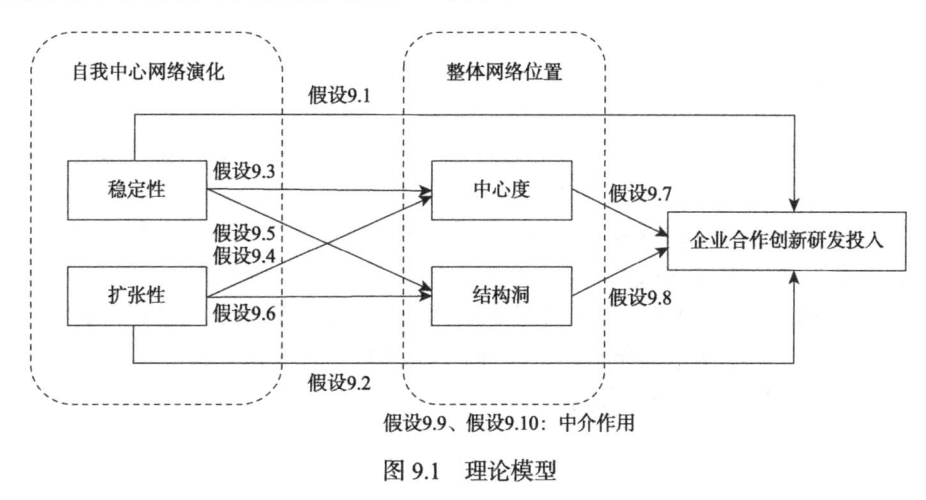

图 9.1　理论模型

9.2　研究设计

9.2.1　样本选择

我国计算机、通信和其他电子设备制造业（ICT 行业）市场繁荣，是数字经济的核心产业，也是现阶段我国调整产业结构、实现数字化转型升级的重要基础。与发达国家相比，该行业的整体水平还存在一定的差距，很多关键技术仍然受制于人，需要加强技术创新才能缩短技术差距（李正卫等，2014）。因此，本章以 A 股 ICT 行业为研究对象。

通过对比相邻两期样本企业的联合申请人明细得到企业自我中心网络演化指标。从国家重点产业专利信息服务平台获取专利数据，从万得数据库、巨潮资讯网、企业年报等获取样本企业的相关数据。剔除相关数据缺失的样本后，共得到 2015~2019 年 237 个样本数据。

9.2.2　变量测量

1. 结果变量

合作创新研发投入。研发投入是指企业改进或研发新产品、新技术等方面投入的资源。研发投入是企业开展创新活动的基础，是企业创新战略实施和目标实现的核心因素,对企业最终的创新产出具有重要影响。合作创新研发投入仅包含企业与其他组织合作研发的经费投入,用企业研发费用的百万元取对数表示结果变量。

2. 自变量

单个企业的关系集合构成企业的自我中心网络。自我中心网络演化则表现在中心企业与其他组织的合作关系的动态变化上。参照郭建杰等(2019)的研究,将稳定性指标定义为在第 i 年与第 $i-1$ 年都与中心企业有联合申请专利的合作组织数量;扩张性指标定义为第 i 年与第 $i-1$ 年相比,中心企业新增的合作组织的数量。通过对比 2014 年与 2015 年中心企业的技术创新合作关系情况,计算得到中心企业 2015 年自我中心网络演化指标,同理,分别得到 2016 年、2017 年、2018 年、2019 年的自我中心网络演化指标。

3. 中介变量

通过 UCINET 软件计算 ICT 行业技术创新网络中心度和结构洞指标。为了消除网络规模对中心度的影响,选取相对程度中心度表示网络中心度指标,该指标由程度中心度与其他节点最大可能连接数之比计算得到。此外,参照陈培祯和曾德明(2019)的研究,选取 1 与限制度的差衡量结构洞的大小。

4. 控制变量

本章还涉及所有权性质、资产负债比和主营业务收入等多个控制变量。在我国社会主义市场经济背景下,企业所有权性质对企业的资源配置与获取、企业与外部组织的关系及公司的治理结构等存在关键性影响。本章构建所有权性质的虚拟变量,用 1 表示国有企业,用 0 表示其他企业;举债经营是企业生产经营的重要举措,资产负债比代表了企业资本结构。资产负债比指标越小,表明企业的财务风险越低,对企业创新战略的制定和实施有直接影响;企业经营的目标是为了获取利益,营业收入作为企业生产经营结果的关键体现,也会对其创新活动产生重要影响。本章选择用主营业务收入取对数来代表企业营业收入指标。

9.3 实证结果与分析

9.3.1 描述性统计与分析

运用 SPSS 21.0 对研究变量进行描述性统计,如表 9.1 所示,企业合作创新研发投入的均值为 5.195，标准差为 1.367，可见样本企业间合作创新研发投入有显著差异，其中极大值为 9.470，极小值为 1.790，创新研发投入水平相距甚远，因此，探究企业合作创新研发投入的影响因素具有理论和现实意义。自我中心网络稳定性的极大值为 22.000，极小值为 0.000，均值为 1.329，标准差为 2.771；自我中心网络扩张性的极大值为 16.000，极小值为 0.000，均值为 1.447，标准差为 1.956，可见，样本企业在研究期间内自我中心网络演化特征有显著差异。根据表 9.1 可知，自我中心网络稳定性、扩张性与整体网络的中心度、结构洞都与企业合作创新研发投入有显著相关关系，且自我中心网络稳定性、扩张性与整体网络的中心度、结构洞之间均显著正向相关，这为验证本章假设奠定了良好基础。

表 9.1 描述性统计与相关分析

变量	合作创新研发投入	稳定性	扩张性	中心度	结构洞	所有权性质	资产负债比	主营业务收入
合作创新研发投入								
稳定性	0.362**							
扩张性	0.393**	0.367**						
中心度	0.444**	0.892**	0.734**					
结构洞	0.378**	0.538**	0.573**	0.665**				
所有权性质	0.271**	0.188**	0.007	0.145*	0.204**			
资产负债比	0.430**	0.128*	0.192**	0.196**	0.138*	−0.088		
主营业务收入	0.344**	0.224**	0.116	0.203**	0.194**	0.198**	0.203**	
极小值	1.790	0.000	0.000	0.313	−0.125	0.000	0.056	0.770
极大值	9.470	22.000	16.000	10.623	0.967	1.000	0.916	25.428
均值	5.195	1.329	1.447	0.937	0.226	0.320	0.424	20.808
标准差	1.367	2.771	1.956	1.327	0.310	0.466	0.182	4.492

*在 0.05 水平（双侧）上显著相关；**在 0.01 水平（双侧）上显著相关

9.3.2 回归分析

为检验自我中心网络稳定性和扩张性是否对企业合作创新研发投入产生影响以及明确结构洞和中心度在其中的具体作用，采用 SPSS 软件对样本数据进行回归分析，具体结果如表 9.2 所示。

表9.2 以合作创新研发投入为因变量的回归结果

变量	合作创新研发投入							
	模型1	模型2	模型3	模型4	模型5	模型6	模型7
所有权性质	0.782**	0.670**	0.776**	0.662**	0.645**	0.615**	0.709**
资产负债比	3.090**	2.902	2.691	2.677**	2.853**	2.804**	2.620**
主营业务收入	0.063**	0.051	0.056	0.050**	0.053**	0.049**	0.051**
稳定性		0.114**				0.071*	
扩张性			0.211**				0.122*
中心度				0.317**			0.184*
结构洞					1.088**	0.771**	
R^2	0.321	0.37	0.408	0.408	0.377	0.391	0.421
调整R^2	0.312	0.359	0.397	0.397	0.366	0.378	0.409
F	36.661***	34.053***	39.913***	39.922***	35.038***	29.671***	33.642***

*在0.05水平（双侧）上显著相关；**在0.01水平（双侧）上显著相关；***在0.1水平（双侧）上显著相关

由表9.2可知，模型1中的控制变量对企业合作创新研发投入存在正向促进作用，符合实际情况。模型2中自我中心网络稳定性对企业的合作创新研发投入有显著的正向影响（系数为0.114，$p<0.01$），假设9.1成立。对企业而言，维持稳定的合作关系可以加深彼此间的信任和默契，降低机会主义风险和不确定。通过较长时间的交流与合作，企业能深入了解、充分学习合作对象的知识库，激发其创新积极性，促进合作创新研发投入。模型3中自我中心网络扩张性对企业合作创新研发投入也存在显著正向影响（系数为0.211，$p<0.01$），假设9.2成立。新增合作伙伴不但为企业带来更多的合作创新机会，而且也为企业增加创新知识，甚至还可能因为合作为企业分担创新成本、分散创新风险，由此提高了企业创新意愿。由模型4和模型5结果可知，网络中心度和结构洞对企业合作创新研发投入具有正向促进作用（系数为0.317和1.088，$p<0.01$），假设9.7和假设9.8得到验证。高中心度说明企业在整体网络中的影响力大，能够凭借广泛的网络联系启动更多的创新活动；高结构洞意味着企业能够得到其他企业难以得到的创新资源，因而能够在创新领域抢占先机。

在对假设9.3~假设9.6的检验中，分别将中心度和结构洞作为因变量，结果如表9.3所示。

第9章　自我中心网络演化对企业合作创新研发投入的影响　129

表9.3　以中心度、结构洞为因变量的回归结果

变量	中心度 模型8	中心度 模型9	中心度 模型10	结构洞 模型11	结构洞 模型12	结构洞 模型13
所有权性质	0.378*	−0.036	0.364**	0.126**	0.072	0.124**
资产负债比	1.302**	0.604**	0.386	0.218*	0.126	0.051
主营业务收入	0.042*	−0.003	0.025	0.009*	0.003	0.006
稳定性		0.424**			0.056**	
扩张性			0.484**			0.088**
R^2	0.083	0.802	0.569	0.082	0.309	0.377
调整R^2	0.071	0.799	0.561	0.07	0.297	0.367
F	7.001***	235.201***	76.543***	6.904***	25.879***	35.141***

*在0.05水平（双侧）上显著相关；**在0.01水平（双侧）上显著相关；***在0.1水平（双侧）上显著相关

由模型9的回归结果可得，自我中心网络稳定性正向影响中心度（系数为0.424，$p<0.01$），模型10结果显示自我中心网络扩张性也对中心度有正向影响（系数为0.484，$p<0.01$），假设9.3和假设9.4成立。同时，模型12和模型13的回归结果表明，自我中心网络稳定性和扩张性对结构洞具有显著的正向影响（系数为0.056和0.088，$p<0.01$），假设9.5和假设9.6得到验证。

在对中介效应的检验中，将自变量自我中心网络稳定性、中介变量结构洞和自变量自我中心网络扩张性、中介变量中心度分别放入以合作创新研发投入为因变量的回归模型中。由模型6的回归结果可知，加入结构洞后，网络稳定性对合作创新研发投入的影响依然显著（系数为0.071，$p<0.01$），但与模型2的结果相比影响变小（0.071<0.114），表明网络结构洞在网络演化稳定性和企业研发投入间起部分中介作用，假设9.9成立。同理，由模型7的回归结果可知，加入中介变量中心度后，网络扩张性仍显著影响因变量（系数为0.122，$p<0.05$），且影响变小（0.122<0.211），说明自我中心网络扩张性一方面直接对企业合作创新研发投入产生正向影响，另一方面通过网络中心度影响企业合作创新研发投入，即网络中心度在网络演化扩张性和企业研发投入间起部分中介作用，假设9.10得到验证。

为了防止变量间因存在严重共线性对回归结果产生影响，在回归分析过程中计算了各模型变量的VIF值，最大值为2.320，远低于临界值10，因此，虽然自我中心网络稳定性与中心度的相关系数大于0.8，但不影响回归结果，说明模型及假设具有一定的合理性。

以A股ICT行业企业为研究对象，从联合申请专利出发，对比样本企业技术创新合作关系的逐年动态变化情况，构建企业自我中心网络演化指标，计算企业

所处技术创新网络的中心度和结构洞位置指标，运用实证方法探究企业自我中心网络演化、网络位置和企业合作创新研发投入三者间的关系。研究结论对指导企业创新有以下管理启示：①自我中心网络的稳定性和扩张性实际上都对企业合作创新研发投入有显著促进作用。企业在制定创新合作关系的管理战略时，一方面要完善联盟的合约和监督机制，促进企业间的了解和信任，通过维持稳定的合作关系来提高创新意愿；另一方面通过建立更多的技术创新合作关系，增加联系的多样性，不但可以获得更多的异质性知识和资源，而且能够与合作伙伴分担承担创新成本和风险。②在网络化创新环境下，合作成为企业创新战略的重要组成部分，合作关系的动态演化情况必然也会影响企业在更广阔的创新网络的位置。企业在创新网络位置的变化进而影响着企业对创新信息和资源等的获取。企业关注自我中心网络演化的同时也要注意构建其网络位置优势。一方面企业应充分利用占据网络中心位置所带来的影响力和控制力，从网络中获取更多的信息和资源；另一方面也要关注合作关系的冗余程度，尽力取得作为不同组织间"桥梁"的结构洞优势，获得更多异质性资源、提升网络控制力及促进企业创新。③基于双重网络嵌入的视角，企业不但嵌入自我中心的创新网络，而且也嵌入更广阔的产业网络或者区域创新网络，不同网络之间相互影响，相互制约，当企业制定网络化创新决策时要综合考虑不同网络之间的协同作用机制，这样才能充分发挥双重网络的组合效应。

  从技术创新整体网络和企业自我中心网络双重网络视角探究网络嵌入对企业合作创新的影响，这是本章研究视角的创新。企业自我中心网络的扩张和稳定等演化情形决定着焦点企业的合作伙伴关系的变动情况，技术创新整体网络的中心度和结构洞位置决定了焦点企业对创新资源的获取程度，仅从技术创新整体网络或企业自我中心网络的单一视角研究网络与企业创新间的关系都是较片面的，整合双重网络维度探讨网络嵌入与企业合作创新研发投入之间的关系，研究结论丰富了网络嵌入与企业创新动力的理论成果，具有重要的现实指导意义。

第四篇 企业研发投入的多因素组态效应研究

第10章 高新技术企业研发投入的多重并发因果关系——基于QCA的研究

创新是经济增长的重要驱动力量,也是企业占领市场领导地位的有力措施。由于创新活动存在技术风险、市场风险及同行模仿等多种风险,企业做出研发投入决策往往会综合考虑长短期利益,研发决策因此受到多因素的影响。深入研究哪些因素影响企业研发投入以及这些因素的作用机理直接关系到如何有效激励企业创新以及实施创新驱动战略的成效,这对完善创新管理理论及指导企业的创新实践具有重要意义。

学者们对企业研发投入的影响因素开展广泛的研究,研究视角包括企业内部和外部环境两个方面:内部因素包括组织特征(企业规模、组织集权度、企业年龄、产权性质、组织文化、组织规范及企业财务状况等)和高管特征(人口统计特征、高管异质性、创新注意力和股权集中度等)。孙晓华研究发现工业企业的所有权性质对研发决策产生重要影响(孙晓华等,2017)。外部环境因素主要包括政府政策、外资引入、市场环境、企业的外部关系等。程华和张志英(2020)以纺织业为对象研究发现政府补贴与研发投入之间的关系呈倒"U"形;贾慧英等(2018)研究发现行业的技术动荡性会影响企业的研发投入跳跃。外部因素除了政府政策、市场环境外,还包括企业与政府的关系、产学研网络关系以及与企业之间的网络关系(如创新联盟网络、供应链网络、连锁董事网络)等方面。王菁(2019)研究发现有政企联系的公司在未实现期望绩效时对研发投入的正向反馈效果会降低;谢宗杰(2015)采用演化博弈方法研究发现创新联盟的知识创造能力会影响企业的研发投资策略。

已有研究为深入探讨企业研发决策影响机制提供良好的研究基础,然而,梳理文献发现,已有研究还存在以下局限:首先,现有文献对研发投入影响因素的探索集中于单因素的作用,鲜有研究考虑多因素联合作用对企业研发投入决策的影响。企业创新决策是一类具有高度因果复杂性的问题,仅考虑单因素的研究其所得结论无法完全解释创新决策的复杂影响机制。其次，已有研究没有回答不同因素对于研发投入的影响是否存在互补或替代作用。实际上，各种因素对研发投入的影响效果可能具有替代作用，即产生 1+1<2 的结果，各因素之间还可能存在互补作用，即产生 1+1>2 的效果。明确不同影响因素对研发投入决策的互补作用和替代作用有助于科技管理部门因地制宜地选择与实施有效的激励机制。最后，从研究角度来看，鲜有研究综合宏观、中观和微观等多个视角对企业研发投入影响因素开展研究。实际上，技术创新具有高风险和高复杂性，创新决策不但受到宏观政策环境引导，而且还受到行业竞争、社会网络等中观环境及企业自身创新注意力、决策者特质等企业微观特征的影响，可见，企业创新决策是一个受到多因素协同影响的复杂过程，因此，有必要借助集合论思想深入探讨多层次多要素的联动对促进企业加大研发投入的复杂作用机制。

传统实证研究方法只验证单个变量的影响，无法得出多个要素之间交互效应（郭元源等，2019）。定性比较分析（qualitative comparative analysis，QCA）方法被认为是探索多因素"联合效应"和"互动关系"的有效方法（Ragin，2010），该方法擅长探索多种因素如何相互作用从而共同影响结果变量，具有能够分析非对称关系的优势。企业创新决策与企业内外部多个因素之间的关系是一种多条件并发的非线性关系，适合采用定性比较分析方法开展研究。由于调研案例的数据具有模糊集分数的特点，故本章采用模糊集定性比较分析方法对高新技术企业的调研数据进行分析，以探究高新技术企业高研发投入的影响路径。本章旨在回答以下问题：激励高新技术企业高研发投入的路径有哪些？这些路径有什么异同？影响高新技术企业研发投入决策的不同因素之间是否存在互补或替代作用？

10.1 理论分析

研发投入是企业基于长短期利益综合考虑做出的关键投资决策，具有高风险、高成本和高复杂性。根据刘志迎等（2018）提出的技术创新动力源的七力模型，可知影响企业技术创新决策的因素涉及多个层面。从高阶梯队理论视角来看，高层管理团队是企业各项活动的决策主体，高管对企业的战略选择、创新活动具有重要影响力，因此，本章基于高管团队决策的视角，从微观、中观和宏观三个层面对影响高新技术企业高管创新决策的因素开展组态效应研究。

从企业微观层面视角来看，影响研发决策的因素主要包括企业营利能力和决策者创新注意力：营利能力能够反映企业的资金实力或资本增值能力，是影响企业研发决策的重要因素。岳圣元等（2019）研究发现营利能力对研发投入具有显著正向影响，营利能力越稳定，研发投入更具有持续性。企业的盈利水平越高，表明企业有更多的冗余资源用于研发投入，即营利能力的提升表示企业拥有更多可支配的财务资源，可激励和推动企业代理人提高研发投入水平；企业的创新注意力表示高管团队基于所在的决策情境将有限的注意力集中在与创新相关的议题或者解决方案上的强弱（吴建祖等，2016），企业的创新注意关注的焦点可能就是企业未来的决策和研发投入的方向。基于注意力基础观和高阶梯队理论，创新注意力对于企业创新具有的重要作用，创新注意力越高，管理者更有可能将资源、努力和权威投入创新中（Thomas，1988），高度的创新注意力也有助于企业在动态的竞争环境中有效识别潜在外部机会，加大研发投入和人员配备，促使企业高效整合创新资源以提升技术能力，获得更多创新成果（梅胜军等，2018）。

基于中观层面视角，企业高管团队所在的连锁网络是影响企业创新的重要因素。高管连锁网络日益成为企业拓展外在生存空间和竞争能力的重要平台（Campello et al.，2011），为企业创新提供所需的关键资源和信息。中心度和结构洞是反映高管连锁网络特征的主要指标：中心度强调企业处于网络中心枢纽的程度（Haunschild and Beckman，1998），表示企业间联系的数量，是网络结构中最重要的指标之一（邵强和耿红悦，2017）。高管连锁网络为企业进行创新决策提供了良好的信息传递和交流的平台（Geletkaycz and Hambrick，1997），企业之间通过高管连锁网络可以拓宽资源获取的渠道，丰富的信息资源促使企业以多元化视角思考问题、提高决策效率和决策效果。已有研究表明，通过高管连锁网络联系的企业之间存在模仿行为（韩洁等，2015），企业的直接联系越紧密，投资水平越相似（Rosanna and Roger，2002）；结构洞关注的是企业与企业间联系的关系模式（钱锡红等，2010），衡量企业间联系的质量（严若森等，2018）。高管连锁网络的结构洞具有信息优势和控制优势，在推进信息流的过程中发挥着关键作用。位于结构洞位置的"中介者"在网络中可获取差异化信息和机会（Tortoriello，2015），企业通过结构洞进行间接联系，可以缩短信息传递的路径、加速信息的流动、提高资源利用效率（Uzzi，1997），拥有丰富结构洞的企业将更有动力和能力进行创新活动。

基于宏观层面视角，影响企业研发投入决策的因素主要来自政府补助政策和市场竞争两个方面。政府补助是政府纠正市场失灵的一种措施，企业通过政府直接或间接的补助可以减少研发成本、降低研发风险（Arqué-Castells，2013）。政府对企业的合理资助比例也可以提高资源配置的效率，调动企业进行技术创新的积极性，能够推动企业增加研发投入（Boeing，2016）；竞争强度可以衡量企业所处的行业环境竞争情况。在竞争激烈的环境中，企业要占据主导地位需要不断创新满足市场需求。Porter（1985）认为当企业面临激烈的竞争环境时，应该加强创新、提升产品或者服务的特殊性、降低产品可替代性、满足客户多样化需求，适度竞争更能够促进企业开展创新活动。

10.2 研 究 设 计

10.2.1 研究方法

传统实证研究方法只验证单个变量，无法得出多个要素之间交互效应（郭元源等，2019），然而，企业研发投入与企业内外部多要素之间的关系是一种多条件并发的非线性关系。定性比较分析方法是定性和定量结合的研究管理问题的新方法（杜运周和贾良定，2017），在近年来得到越来越多学者的认同，该方法在探究因果复杂性问题方面具有一定的优势，通过探究条件变量的组合情况对结果变量的影响，分析多因果复杂性问题，可以作为传统回归分析方法的有力补充（陶秋燕等，2016）。本章旨在探索多层次影响因素的协同作用下企业研发投入多重并发因果关系，因此，本章选择定性比较分析方法开展研究。

10.2.2 数据来源

高新技术企业是我国调整产业结构、提高国际竞争力的生力军，在经济发展中具有重要战略地位。作为知识密集型和技术密集型的经济实体，高新技术企业相较于其他企业竞争更加激烈，创新动力及创新能力也都高于其他企业，因此，以高新技术企业为研究样本具有一定的代表性。本章选取 2015 年至 2017 年 1 269 家高新技术企业为初始样本，剔除在统计年间无年报、财务数据不稳定及主要数据不完整的企业，最终得到 499 家高新技术企业数据，共计 1 497 组观测值。结果变量研发投入数据来源于 CSMAR 数据库及公司年报数据，条件变量中创新注意力数据来源于巨潮资讯网，其余条件变量数据来源于 CSMAR 数据库。

10.2.3 变量测量

（1）研发投入。衡量研发投入可以用绝对指标，也可以采用相对指标。绝对指标包括研发金额和人员数量，相对指标包括研发资金投入强度和研发人员投入强度。采用相对指标更具有可比性，可以不受企业之间研发投入金额差异过大难以比较的影响。因此，借鉴严若森和钱晶晶（2016）的测量方式，用研发支出与营业收入的比重来衡量企业研发投入。

（2）营利能力。企业营利能力是指在一定时期内企业获取利润的能力。如果企业的利润率越高，能够用于研发投入的资金规模越大，因此，本章用营业净利率表示企业的营利能力。

（3）创新注意力。本章使用文本分析法及 Python 程序获取和计算企业的创新注意力，具体步骤如下：

第一步，确定分析文本。参照姜付秀等（2017）的做法，通过巨潮资讯网下载的年报使用 Python 编写程序提取要分析的文本内容，根据证监会关于企业年报披露内容的规定，创新注意力文本来源 2015 年是年度报告中"管理层讨论与分析"这一节内容，2016 年及 2017 年采用年报中"经营情况讨论与分析"的内容。

第二步，使用 TF-IDF 的值作为创新注意力关键词的量化方式。通过 Python 中的 Jieba 分词模块对提取出的文本资料进行分词（林乐和谢德仁，2017），过滤分词结果中包含的数字、字母代号，计算出所有分词的 TF-IDF 值，由此评估关键词的重要程度（周亦鹏，2012），用 TF-IDF 值量化创新关键词，其计算公式如下：

$$\text{TF-IDF}(a_j, t_i) = \frac{n_{i,j}}{\sum_{i=0}^{n} n_{i,j}} \times \log \frac{N}{N(t_i)}$$

其中，$n_{i,j}$ 是特征词 t_i 在文档 a_j 中出现的次数；$\sum_{i=0}^{n} n_{i,j}$ 是文档中出现的特征词的总数；N 是文本总个数；$N(t_i)$ 是包含该词语 t_i 的文件总数；因子 $\log \frac{N}{N(t_i)}$ 是 IDF 的值。

第三步，确定创新关键词。根据分词结果对关键词进行删选，删除常见的连词、叹词、语气词及年报中的常用词，并通过阅读年报文本，从中初步选取了 430 个与创新有关的词汇，为了保证创新注意力测量的"内容效度"，增强关键词列表的权威和有效性，对选取的创新相关词建立李克特分析量表，评分标准为 1（非常不同意）到 5（非常同意），并将其交给三位研究方向与创新相关的专家进行打分。选择至少两位专家打分大于等于 4 的关键词作为创新关键词，最终得到 223 个词作为创新关键词。

第四步，用 TF-IDF 值之和来代表创新注意力，即创新注意力的值为所有创新关键词 TF-IDF 值的和。

（4）高管连锁网络。首先，通过 CSMAR 数据库搜集的董监高的任职信息，根据企业的董监高身份唯一 ID 编码，在 Excel 中分年份建立高管与企业的二模矩阵，高管在企业任职标为 1，否则标为 0；其次，使用 UCINET 软件将高管-企业二模矩阵转换为企业-企业的一模矩阵；最后，使用一模矩阵在 UCINET 中计算网络的中心度和结构洞指标。借鉴严若森等（2018）对网络指标的测量，本章选取程度中心度和限制度分别代表企业的中心度和结构洞指标。

（5）政府补助。政府补助的量化方式主要有补助金额的绝对值和相对值，绝对值是指政府直接补助金额，相对值是补助金额与总资产或补助金额与营业收入的比重。相对值可以降低由于企业规模所造成的差异问题，借鉴熊和平等（2016）的方法，本章用补助金额与总资产的比重来衡量政府补助。

（6）竞争强度。竞争强度衡量的是企业所在行业的竞争激烈程度，借鉴解维敏和魏化倩（2016）对竞争强度的测量方式，用赫芬达尔指数（Herfindahl-index）来衡量行业竞争强度。

$$HHI = \sum_{i=1}^{n}\left(\frac{x_i}{X}\right)^2$$

其中，n 表示企业的数量；x_i 表示企业营业收入；X 表示所在行业总的营业收入。HHI 数值越大，表明行业内企业营业收入差异越大，行业的集中度越高，竞争强度越小。

10.2.4 变量校准

用 fsQCA3.0 软件进行分析，需要将搜集到的数据全部校准为 0 到 1 之间的数据。数据校准需要设置定性锚点，目前在实证研究时通常根据样本数据选择将上十分位数或者上四分位数作为"1"的定性锚点，表示完全隶属，将下四分位数或者下十分位数作为"0"的定性锚点，表示完全不隶属，将均值或者中位数作为交叉点，以中位数作为交叉点可以在极大程度上避免异常值的影响，因此，本章选择将数据的上四分位数、下四分位数作为定性锚点，中位数作为交叉点对样本数据进行校准（表 10.1）。

表 10.1 结果与条件的校准

条件和结果	校准		
	完全隶属	交叉点	完全不隶属
营利能力（EP）	0.164 5	0.096 5	0.043 8
创新注意力（IA）	0.462 3	0.351 1	0.258 2
中心度（Cen）	0.073	0.049	0.033
结构洞（Holes）	0.417	0.583	1
政府补助（GS）	0.009 2	0.004 7	0.002 4
竞争强度（CI）	0.193 6	0.041 6	0.036 8
研发投入（RD）	7.99	4.74	3.16

10.3 数据分析结果

10.3.1 单个条件的必要性分析

为了检验单一条件变量是否可以作为结果变量的必要条件，通常检验一致性结果值的大小，即一致性结果大于 0.9 的前因条件认定为结果的必要条件。表 10.2 结果显示所有变量一致性值均小于 0.9，表明每个单独条件都不是结果变量即高研发投入的必要条件，因此，在真值表运算时考虑六个条件变量的组合对结果变量的影响。

表 10.2 单一条件变量的必要性分析

条件变量	一致性（consistency）	覆盖率（coverage）
EP	0.601 982	0.462 849
~EP	0.507 249	0.372 271
IA	0.670 011	0.534 137
~IA	0.439 842	0.312 211
Cen	0.457 668	0.416 292
~Cen	0.633 097	0.404 848
Holes	0.639 750	0.425 873
~Holes	0.475 706	0.409 749
GS	0.651 299	0.657 289
~GS	0.447 591	0.420 760
CI	0.508 370	0.591 575
~CI	0.566 064	0.313 812

为了检验单一条件变量是否可以作为结果变量的必要条件，通常检验一致性结果值的大小，即一致性结果大于 0.9 的前因条件被认定为结果的必要条件（Ragin，2010）。所有变量一致性值均小于 0.9，表明每个单独条件都不是结果变量的必要条件，因此，在真值表运算时考虑六个条件变量的组合对结果变量的影响，见表 10.2。

10.3.2 条件组态的充分性分析

充分条件是指能够产生"高研发投入"的条件组合，只要满足条件组合，企业即可取得高研发投入。在表10.1的基础上，通过fsQCA3.0软件构建真值表，设定频数阈值和一致性阈值。当样本规模较小时，频数阈值的设置至少为1，当样本量增加时，可适当提高频数阈值，至少保留75%的案例数（Rihoux，2006）。一致性阈值可以接受的最低设定为0.75，本章研究的样本量为499家企业三年的数据，数据样本较多，因此，将频数阈值设定为4，一致性阈值设定为0.8，这样可得到更严格的条件组合。按照标准分析将得到三种解：简洁解、中间解和复杂解。将简洁解和中间解结合起来分析组合路径中的前因变量，核心条件变量是指在中间解和简洁解中出现的变量，只在中间解出现的变量为辅助变量，结果见表10.3。

表10.3 企业高研发投入的组态

变量	A	B1	B2	C1	C2
营利能力（EP）	●			·	·
创新注意力（IA）	●	●	●		
中心度（Cen）	⊗		⊗		
结构洞（Holes）		⊗		●	●
政府补助（GS）	●	●	●	●	●
竞争强度（CI）		●	●	●	●
一致性	0.870 127	0.853 866	0.849 21	0.873 834	0.874 245
覆盖度	0.203 132	0.173 623	0.194 787	0.202 954	0.182 435
唯一覆盖度	0.022 907 4	0.013 450 8	0.013 245	0.034 148 3	0.047 448 3
解的覆盖度	0.397 302			
解的一致性	0.832 145			

注：●表示核心条件存在；⊗表示核心条件缺失；·表示辅助条件存在；⊗表示辅助条件缺失；"空白"表示该条件可以存在也可以不存在

通过对高新技术企业的调研数据进行模糊集定性比较分析，得到多因素共同影响下企业高研发投入的 5 个构型。单个构型和总体解的一致性值均高于 0.80 的临界标准，说明这 5 个构型具有良好的解释力度。总体解的覆盖率值为 0.397 302，高于目前组织与管理学领域基于公开数据定性比较分析研究的一般值 0.3（张明等，2019），因此，表10.3 中 5 个构型可以视为中国高新技术企业在多层次影响因素作用下选择高研发投入的充分条件组合。接下来从三个角度分析研究所得结论。

从单个条件（横向）看，政府补助出现在所有组态之中，在 5 个构型中政府补助均为核心条件存在，说明政府补助对企业高研发投入具有关键作用。政府补助一方面能够降低企业研发投入的风险，对企业研发活动具有促进作用；另一方面，企业获得政府补助具有信号传递效应，能够推动其他社会机构或金融机构对企业进行投资，缓解企业的融资约束问题，为企业形成稳定的研发资金支持链（郭玥，2018）。

从各个组态角度（纵向）看，组态 A 中营利能力、创新注意力、政府补助作为核心条件存在，中心度作为核心条件缺失，该组态的一致性为 0.870 127，覆盖度为 0.203 132，覆盖的案例最多。组态 B1 中创新注意力、政府补助和竞争强度作为核心条件存在，结构洞作为辅助条件缺失。组态一致性约为 0.854，覆盖度约为 0.174，覆盖的案例最少。组态 B2 中创新注意力、政府补助和竞争强度都作为核心条件存在，中心度作为核心条件缺失，该组态的一致性约为 0.850，覆盖度约为 0.195，唯一覆盖度约为 0.013 2，唯一覆盖的案例最少。组态 C1 中创新注意力、结构洞和政府补助作为核心条件存在，营利能力作为辅助条件存在，该组态的一致性约为 0.874，覆盖度最高约为 0.203。组态 C2 中结构洞、政府补助和竞争强度作为核心条件存在，营利能力作为辅助条件存在。组态的一致性约为 0.874，覆盖度约为 0.182，唯一覆盖度约为 0.047，唯一覆盖的企业数量最多。

从组态间纵横双向关系看，组态 A 的营利能力和组态 B2 的竞争强度具有明显的替代作用，说明这两个条件仅需一个存在便可以与其他 3 个条件导致企业高研发投入；组态 C1 的创新注意力和 C2 的竞争强度同样具有替代效应，这表明当企业在中观层面具备网络资源优势、在微观层面具有高盈利水平和在宏观层面能够得到政府补助的情况下，只要具有高创新注意力或者所在行业具有高竞争强度就可能激励企业高研发投入。

10.3.3 稳健性检验

定性比较分析中常用的稳健性检验方式包括更换校准数据的定性锚点、调整案例的频数及提高一致性阈值等（张明等，2019）。本章将案例频数调整为 6 以及一致性阈值调整为 0.81，重新进行标准程序分析后发现，激发企业提升研发投入的路径组合与未改变案例频数和一致性阈值前的结果完全一致，各构型与整体解的一致性值和覆盖率值均无明显变动，说明研究结论具有稳健性。

10.4　理论解释和案例分析

通过模糊集定性比较分析方法识别了高新技术企业高研发投入的 5 个构型（组态），根据包含的核心条件和背后的解释逻辑不同，可以将 5 个构型归纳为创新资金驱动型、环境驱动型及多资源驱动型。

10.4.1　创新资金驱动型（组态 A）

在企业网络中处于非核心位置的企业，无论是否具有结构洞位置优势或者所处行业是否竞争激烈，只要企业高管重视创新，企业在自有资金和政府补助双重资金的推动下就能实现高研发投入。创新资金是企业最重要的创新要素，企业自有资金及政府支持是企业创新资金的主要来源，也是企业开展创新活动的保障。根据伍虹儒（2020）的研究，企业自有资金对支持企业创新具有重要影响，而政府 R&D 支持则以引导和规范为主。同时，政府 R&D 支持与企业创新资金还具有相互促进作用，即政府 R&D 支持对企业创新资金产生引导作用，企业创新资金对政府 R&D 支持产生正向激励作用。

组态 A 的典型案例是仪器仪表制造业的先河环保，该公司在高管连锁网络中的中心度值较低（0.017），低于整个高新技术产业的均值（0.054）和中值（0.049），但公司优势体现于营利能力、创新注意力和政府补助方面。公司营利能力较强，在 2017 年进入了新一轮快速增长期，营业利润高达 23 亿元，利润率高于 20%，作为网格化的开创者和引领者，公司高度关注创新问题，不断升级各项技术，在 2017 年科研项目申报多达 12 项，并完成了 22 项计量标准及环保认证，在科研创新上取得丰硕成果。在外部环境方面，国家越来越重视环保问题，环保企业在城市和农村都具有广阔的市场空间，公司利用大数据与各地政府协同合作针对不同区域不同污染源问题实时提供管控治理方案，2017 年得到政府补助 4.02 千万元，占研发总投入的 26.11%。

10.4.2　环境驱动型（组态 B）

根据刘志迎等（2018）的研究，开放式创新环境下企业技术创新动力源包括 7 种，竞争压力及政府政策激励力是其中两种。B1 构型表明在外部网络中处于非结构洞位置的企业，无论是否处于核心位置或企业资金实力是否雄厚，只要行业竞争激烈且政府创新补助力度大,当企业高管重视创新时,他们就会加大创新的投入力度;B2构型表明在外部网络中处于非核心位置的企业,无论是否具有结构洞位置优势或企业资金实力是否雄厚,只要行业竞争激烈且政府创新补助力度大,当企业高管重视创新时,他们也会加大创新的投入力度。

组态B1的典型案例是方直科技,公司在高管连锁网络中处于边缘位置,结构洞匮乏(限制度值1.125),无法通过结构洞获取优质信息资源,但是随着教育消费观念的转变以及在科技革新和积极政策驱动下,公司重视创新并紧跟行业变化,在2016年迎来转型契机,持续加大产品的研发投入逐步实现公司的产品、运营模式、服务、推广的升级。组态B2的典型案例是恒生电子,该公司在网络中的中心度值仅为0.033,远低于整个行业均值(0.055),但在政府支持方面公司具备一定优势。2017年国家实施资管新规,进一步加强金融监管,因此,对于系统改造和监管科技的需求提高,这对该公司所在的信息传输、软件和信息技术服务业的运作模式产生重大影响,外部环境的变化刺激了市场对金融科技产品的需求。公司的创新能力和产品技术均处于领先地位,在2017年的研发投入合计12.9亿元。方直科技和恒生电子属于信息传输、软件和信息技术服务业,该行业竞争强度值为0.193 6,远高于整个高新技术产业的均值(0.007)和中值(0.04),方直科技和恒生电子面临竞争激烈的行业环境。

10.4.3 多资源驱动型(组态C)

多资源驱动型强调网络信息资源及创新资金的共同驱动作用。结构洞位置为企业的技术创新提供信息支持,包括知识产权、投融资、资质认证、人才对接、法务、市场咨询及技术中介各个方面的异质性信息。C1构型表明只要企业拥有充裕的自有资金、政府补助资金及异质性信息,当企业高管重视创新时,他们就会加大创新的投入力度;C2构型表明只要企业拥有充裕的自有资金、政府补助资金及异质性信息,当行业竞争激烈时,他们也会加大创新的投入力度。

组态C1的典型案例是健康元。该公司已成立二十多年,拥有一定的品牌优势和广泛知名度,在市场上占据有利位置,且公司高度重视创新,采用"简政放权"(销售商自主销售决策)的新型营销模式,同时公司不断引进创新人才,拥有多元化、多层次的研发机构,公司的研发竞争力较强。在2017年净利润率高达43%以上,公司较强的营利能力和政府1.71亿元的资金补助也为企业进一步研发提供资金支持。组态C2的典型案例是启明星辰。该公司在2017年公司净利润4.43亿元,企业营利能力较强。该公司是国内成立最早的综合性信息网络安全企业,在全国拥有三十多家分支机构,能够从网络中获取优质资源。从政府支持来看,公司在2017年合计获得1.66亿元的政府补助。我国的信息网络安全行业仍处于快速成长期，国家出台和实施多项政策推动行业市场需求的增长，其中《中华人民共和国网络安全法》的施行使相关工作进入有法可依、强制执行的阶段，为企业营造良好的创新环境。

基于高管团队决策的视角，整合微观、中观和宏观这3个层面的6个前因条件，通过运用组态思维和定性比较分析方法对499家高新技术企业数据进行分析，总结出高新技术企业高研发投入的3类前因构型，即创新资金驱动型、环境驱动型及多资源驱动型。创新资金驱动型强调企业高研发投入是创新注意力、营利能力与政府创新补助协同作用的结果，即对于关注创新的企业而言，创新资金是核心条件；环境驱动型表明企业高研发投入是创新注意力、政府创新补助和行业竞争压力协同作用的结果，即对于关注创新的企业而言，政府的创新补助和行业竞争是核心条件；多资源驱动型强调企业高研发投入是营利能力、政府创新补助等双重资金支持以及网络信息资源协同作用的结果。

本章所得结论对如何配置创新要素以驱动高新技术企业创新提供一定的管理启示。

（1）充分发挥政府补助对企业创新的重要引导作用。在高新技术企业高研发投入的5个构型中，政府补助作为核心条件存在，表明政府补助对企业研发具有关键作用。政府部门应当科学设计对企业创新补助的方式和方法，及时评估补助效果，从而有效发挥政府补助的创新驱动作用。

（2）创新注意力可以为解释企业创新强度提供新的视角。创新注意力在高研发投入的其中的4个构型中作为核心条件存在，可见，企业选择创新战略受到高管团队创新注意力的影响。高管团队对创新领域的充分关注有助于企业识别创新机会、整合创新资源及优化创新方案，从而帮助企业高效地做出创新决策并提高研发投入水平。因此，相关管理部门和企业创新研究者要加强对影响企业创新注意力影响因素的探究。

（3）竞争强度在3个构型中都出现，可见，市场竞争是引导企业创新的重要驱动力量。维持行业高竞争强度有助于营造优质创新环境，促使企业加大创新力度，管理部门应积极营造良好的市场竞争环境。

（4）企业创新决策是一项复杂性系统工程，微观、中观和宏观等多个层面的因素对于企业创新都会产生影响，不应孤立考虑单一特征要素对研发投入的作用，多层面因素的合理配置才能有效促进企业创新。多个层面影响因素联合对驱动企业创新呈现出殊途同归的作用，管理部门应该遵循匹配最优原则，结合企业实际情况，因地制宜引导企业创新。

第11章 知识网络嵌入情境如何激活企业双元创新？——基于QCA的研究

随着我国深入实施创新驱动发展战略，企业创新发展步伐不断加快，创新发展成就令人瞩目，但也存在一些亟须解决的问题。一些地方和部门对创新发展动力的认识还存在片面性，主要表现在将创新发展的动力仅仅理解为创新资源的投入，对于创新环境的建设重视不够，未能全面把握创新发展理念的科学内涵，这种片面的认识将导致创新发展缓慢，甚至可能制约创新发展的质量和效益。另外，一些企业找不准创新发展的突破口和着力点，热衷于花费巨资建设各类创新项目，投入与产出不成正比，解决这些问题，地方相关职能部门应以加强培育良好创新环境为着力点，不断增强创新的系统性、整体性和协同性，通过环境要素的联动作用深入促进创新的发展。

根据组织双元性理论及技术创新的不同幅度，企业技术创新可分为渐进式创新和突破式创新（Lavie et al., 2011）。渐进式创新旨在满足现有的顾客和市场需求，强调企业深度挖掘旧知识，改进产品、技术或服务；突破式创新则以满足正在形成的顾客和市场需求为目的，旨在通过不断探索新知识，更新产品、技术或服务以拓展市场空间（Benner and Tushman, 2003）。由于渐进式创新与突破式创新存在目的和特征的差异，两者对异质性知识资源的输入和创新环境也有不同要求（Hansen, 1999），因此，要促进创新的高质量发展，有必要细化创新环境对不同类型创新的影响研究。

关于如何激励企业创新已有较多的研究成果，这些研究分别关注网络环境、知识活动及网络治理对创新的影响。关于知识网络嵌入与企业创新关系的研究认为嵌入同一知识网络的多个创新主体之间由于相互信任、相互交流以及存在共同解决问题的行为，有助于形成利益共享、风险共担、互利互惠的良好氛围（Presutti et al., 2011）。企业通过嵌入本地与超本地的知识网络能够扩大知识获取范围、增加知识储备，推动创新能力的提升（魏江和徐蕾，2014）。处于知识网络中的企业在创新需求、知识利用和网络位置等方面存在较大的差异，这种差异会直接影响不同类型创新的实现（Bathelt et al.，2004）。关于知识资源管理与企业创新关系的研究认为知识搜索、知识共享和知识创造等企业知识资源管理活动均影响企业创新。知识搜索指组织对不同的外部知识进行搜寻、获取、整合和利用的一系列过程的集合（吴晓波等，2008），知识搜索是企业提高创新能力的重要途径，苏道明等（2017）研究发现知识搜索的范围和程度以及二者的交互效应均正向影响企业的创新活动；知识共享是指有价值的知识在跨组织流动中被组织获取和使用（Hansen，2002）。知识共享是企业快速获取知识途径之一，王娟茹和罗岭（2015）研究证实企业显、隐性知识的共享不仅能够影响企业的产品研发和学习绩效，还能影响企业的创新速度和质量；知识创造使企业能够持续的产生新的知识，并将新知识迅速传递到组织各处，用于企业产品或技术的研发。蒋天颖等（2014）研究发现网络嵌入对技术创新不产生直接作用，而是借助知识创造发挥的中介作用间接促进技术创新；基于组织惯例视角的研究认为组织惯例对企业创新具有重要影响。Zollo 等（2002）基于组织间关系演化的角度指出两个公司在多次重复合作过程中会逐渐发展和提炼出稳定的模式，这种模式即组织间惯例。企业对组织间惯例的运用表现为利用惯例和探索惯例。利用惯例就是企业在既定的惯例模式也就是在彼此间形成的规范共识和默契下进行合作交流。组织间形成的规范共识能够帮助组织成员减少差异性和明显的层级控制，有助于加强组织之间的沟通并有效协调行为（Heimeriks et al.，2012）。规范共识通过提供共同的技术语言，实现不同组织技术人员和管理者的有效沟通，有助于促进对隐性知识的交换（Hofman et al.，2016）。企业间的行为默契有利于网络成员对"做什么以及怎么做"的创新实践活动达成共识（成泷等，2018）。探索惯例表现为组织持续搜寻更有效率的行为规范与合作默契、更加注重异质性的知识，组织通过不断调整行为模式来挑战新的合作规范与模式（Pentland et al.，2012）。

根据以上分析，企业创新受到多因素的影响，已有这些研究为深入理解企业创新的外部驱动力量奠定良好的研究基础。然而，现有文献大多采用多元回归分析及计量经济学等传统方法研究单个因素对企业创新的影响及其影响的程度，忽略了多变量对企业创新的协同作用。在网络嵌入情境下，企业创新是多要素联动共同作用的结果，仅分析单个因素的影响难以解释激励企业创新的复杂前因，要解释多个因素之间的多方交互所表现出来的非线性特征需要采纳新的方法；另外，从创新的类型来看，不同类型的创新其影响因素是不同的。突破性创新和渐进性创新这两种创新在知识资源基础、实现路径和创新目的等方面存在显著差异，影响这两类创新的因素也不尽相同，有针对性地研究不同因素联动作用对特定类型创新的影响，其研究结论将更有现实针对性。

基于此，本章聚焦"网络背景下企业如何充分利用所嵌入的网络有效实施创新"这一现实问题，根据"环境—行为"这一范式，整合知识网络、知识管理及网络治理等多个视角探究网络嵌入环境、知识资源管理及网络惯例对企业双元创新的协同作用。集合论思想能够深入探讨多个要素的联动对激活企业创新的复杂作用机制，因此，本章采用基于集合论思想的模糊集定性比较分析方法解析在不同因素的共同作用下激活企业双元创新的多重路径，研究结果为深入理解企业双元创新影响机制提供新的视角，也为科技管理部门如何营造网络环境激励企业创新提供参考。

11.1 理 论 分 析

随着网络时代的到来，企业外部创新环境最重要的特征是知识网络嵌入，企业创新不可避免地受到网络成员之间的关系、网络成员之间的知识互动及网络治理机制的共同影响。

现如今，多数企业以各种形式嵌入不同的网络中，企业创新受到组织间相互社会关系的影响。基于社会网络理论视角的研究认为网络嵌入为企业开展创新提供良好的环境，知识网络中行为主体间亲密的交互及合作有利于提高知识学习的深度和宽度，帮助企业快速积累有效的知识、准确把握市场需求的动态，从而对企业创新产生影响（张建宇，2014）。

基于知识管理理论视角的研究认为知识是企业实施创新活动的关键基础，突破性创新建立在新知识基础上，渐进性创新基于对旧知识的充分利用，二者需要匹配不同类型的知识。不同网络主体之间的知识搜索和知识共享行为能够帮助企业获取知识资源，知识创造则拓展了企业创新能力、为企业创新提供持续的动力（任利成等，2007）。企业间的知识搜索、知识共享及知识创造活动为企业实现知识要素向创新成果转换提供了条件。

基于网络治理理论视角的研究认为网络惯例是网络治理的非正式管理机制，能够有效引导企业的创新行为，有助于降低创新网络环境中的不稳定性，减少创新的风险。因此，企业嵌入拥有成熟且稳定惯例的网络中，只要合理按照惯例开展行动就可以获得所需知识并促进创新。

11.2 研 究 设 计

11.2.1 研究方法

模糊集定性比较分析是一种考虑多重因素之间相互作用并能揭开产生某个

共同结果的多种路径的研究方法，与回归分析、典型相关分析等定量方法仅把每个因素看成结果的前因因素不同，该方法对于各个前因变量与结果变量之间的关系没有很严格的限制，即不苛刻要求纳入研究框架的前因变量与结果变量之间一定存在某个因果联系，但可以揭示多个前因因素间的复杂关系对结果的影响（Fiss，2011）。网络嵌入情境下企业创新是多个环境要素共同作用的结果，因此，本章摒弃传统研究只关注单个要素影响的视角，采用模糊集定性比较分析方法从一个系统和全面的视角探究多个要素的联动对激活企业双元创新的复杂作用机制。

11.2.2 数据收集

产业集群是指在特定区域中具有竞争与合作关系的企业、专业化供应商、服务供应商及其他相关机构聚集在一起，不同企业之间形成了复杂的网络关系。创新型产业集群具有较显著的知识网络特征，由于创新发展的需要，网络内各企业之间存在广泛的知识搜索、知识共享和知识创造行为，组织惯例又是组织之间重要的非正式治理机制，因此，以创新型产业集群为数据收集对象。本章以福建省宁德电机电器集群、莆田涵江高新区汽车产业集群、永荣新材料化工新材料集群、友达光电产业集群等多个主业突出、特色鲜明、成长性好的创新型产业集群企业为调查对象。

为保证样本的可靠性，通过各地市科技局向企业管理层和研发部门主管发放问卷，这两类人员熟知企业的外部网络联系及企业创新情况。共发放211份问卷，除去调查对象身份不符、题项答案不一致、缺失值严重等无效问卷40份，最终得到有效问卷为171份，问卷有效率为81%。描述性统计分析结果显示，企业年龄分布较均衡，从企业性质来看，民营企业占比约为52.6%，国有企业占比为13.5%，研究样本分布较合理。

11.2.3 构念测量和赋值

为确保量表的信度和效度，主要变量的测量尽可能参考已有研究的成熟量表并根据研究问题适当修改（表11.1）。根据魏江和徐蕾（2014）的研究，知识网络嵌入从网络关系、网络位置和网络规模三个方面设计问卷题项；根据孙永磊等（2015）、蔡猷花等（2017）的研究，组织惯例从探索惯例和利用惯例两个维度设计问卷题项；知识资源管理包括知识搜索、共享和创造三个维度，参照Laursen和Salter（2006）、Lam和Lambermont-Ford（2010）、Smith等（2005）的研究分别设计问卷题项；双元性创新包括突破式和渐进式创新两个维度。根据 Jansen 等（2006）、焦豪（2011）的研究，渐进式创新强调通过质量的持续改进，不断延伸现有的技术和知识，扩展现有产品和服务，提高现有产品的利用率和营销策略的效率；突破式创新与复杂搜寻、基础研究、创新、变异、风险承受有关，不断追求新知识和开发新的产品与服务。学者们关于双元创新的实证研究中采用的量表既有关于双元创新态度（宋锟泰等，2019），也有关于双元创新绩效（Subramaniam and Youndt，2005），参考 Subramaniam 和 Youndt（2005）的方法，以创新绩效的问项表征企业双元创新情况。问卷中所有题项均采取李克特五级打分法，通过对每个变量的各题项数据求平均得到各变量的最终取值。

表 11.1 信度、效度分析

变量	测量题项	量表来源	Cronbach's α	因子载荷	KMO 值	路径系数
知识网络嵌入	与网络中其他知识主体之间交流频繁	（魏江和徐蕾，2014）	0.873	0.905	0.749	0.94
	与网络中其他知识主体之间关系持久			0.923		0.95
	与网络中关键节点之间的距离越来越近			0.794		0.72
	在网络中声望越来越高，其他企业通过我们获取知识			0.721		0.71
	在网络中联结的知识主体数量、类型越来越多			0.871		0.76
探索惯例	企业与合作伙伴乐意去使用更有效的合作方式	孙永磊等（2015）；蔡猷花等（2017）	0.819	0.858	0.836	0.74
	企业做决策时会考虑更好的解决问题的新方法			0.841		0.87
	与合作伙伴之间互相学习、参考彼此解决问题方法和原则			0.747		0.70
利用惯例	企业在做决策时往往考虑处理过的相似问题的解决方法		0.801	0.827		0.77
	企业在合作过程中通常有可以遵循的步骤、程序和经验			0.841		0.71
	在合作过程中，企业之间就共同参与的行为达成默契			0.714		0.79
知识搜索	企业能通过多种渠道和途径搜索到知识	Laursen 和 Salter（2006）	0.823	0.769	0.737	0.73
	企业搜索到的知识涉及领域较为广泛，包括研发、制造、技术、管理等多个领域			0.823		0.74
	企业能从搜索到的知识中深度获取、利用自己所需要的			0.747		0.87
知识共享	和供应链上下游伙伴分享知识、技术或研发成果	Lam 和 Lambermont-Ford（2010）	0.803	0.862		0.72
	和同行分享知识、技术或研究成果，提高了企业知识水平			0.831		0.86
	其他企业与本企业进行知识、技术交流的意向非常强烈			0.821		0.70

续表

变量	测量题项	量表来源	Cronbach's α	因子载荷	KMO 值	路径系数
知识创造	内部员工经常聚在一起交流观点,常常能产生新的想法	Smith 等（2005）	0.848	0.805		0.77
	企业注重新知识与已有旧知识的融合、重组			0.787		0.74
	企业经常将零星的观点、经历归纳、总结为新的知识			0.858		0.77
突破式创新	企业比竞争对手创造了更多的新产品	Subramaniam 和 Youndt（2005）	0.832	0.843	0.838	0.78
	企业是新技术和新工艺的创作者,且创作的较多技术和工艺被引入行业内			0.924		0.72
	企业经常在新占据的市场中引入新研发的产品			0.846		0.93
渐进式创新	企业创新改进了原有工艺或产品		0.873	0.843		0.88
	企业创新强化了已有技术及竞争力			0.889		0.78
	与竞争对手相比,企业创新主要体现在改善产品的样式、型号等方面			0.869		0.91

给案例赋予集合隶属的过程是校准（杜运周和贾良定，2017），根据理论和实际的外部知识，我们将"5"定为完全隶属成员，"3"定为分界线，"1"定为完全不隶属成员。通过对这三个阈值的设定，运用 fsQCA3.0 软件中 Calibrate（x，n_1，n_2，n_3）函数将这些值转换为 0-1 的模糊得分。

11.2.4　测量信度和效度

信度用来判断观测结果的稳定程度，借助 SPSS 18.0 软件计算各变量测量题项的 Cronbach's α 值检验信度，从表 11.1 可以看出，各变量的 Cronbach's α 值皆大于 0.7，数据满足信度的要求；效度用来判断变量测量的正确性。首先，运用 SPSS 18.0 软件计算变量的 KMO 值和 Bartlett's 球度值，结果显示各变量的 KMO 值都大于 0.7，Bartlett's 球度检验皆显著，因子载荷系数也都大于 0.7；其次，通过 LISREL8.70 检验研究变量与测量题项之间的拟合程度，χ^2/df=1.36，RMSEA=0.001，RMR=0.046，NFI=0.96，CFI=0.96，IFI=0.98，GFI=0.96，AGFI=0.94，因此，数据满足效度要求。

11.3　数据分析与结果

11.3.1　数据分析过程

在校准每个要素后，运用 fsQCA3.0 构建真值表得到原因条件的不同构型。本章拥有 6 个原因变量，原因变量与结果变量之间的逻辑条件组合共有 64 种。fsQCA3.0 软件计算过程中记录各组合样本个案所出现的次数，参考 Ragin（2010）的做法，将组合中样本个案出现频数的门槛值设为总案例数的 1.5%，即将频数阈值设为 3，按照这种做法保留下来的是样本数量大于 3 的逻辑条件组合，同时，将原始一致性门槛值设置为 0.8。随后，根据原始一致性得分和 PRI 一致性得分进行重新编码，当原始一致性得分高于 0.8，PRI 一致性低于 0.7 时，将该逻辑条件组合对应的结果变量 1 手动更改为 0，而当原始一致性得分高于 0.8，PRI 一致性高于 0.7 时，则保留该逻辑条件组合对应的结果变量 1。真值表构建完成后，运用 fsQCA3.0 软件中 Quine-McCluskey 算法，探究不同变量组合对企业突破性创新和渐进性创新的多重因果关系路径。最后按照标准分析程序得出三种方案：复杂方案、简约方案和中间方案。简约方案是得到结果变量的核心条件变量，中间方案是得到结果变量的辅助条件变量，本章在分析时考虑了简约方案和中间方案。

11.3.2 高突破式创新的构型

通过对 171 家企业的数据采用 fsQCA3.0 计算得到的高突破性创新的构型，结果显示总体一致性和覆盖率分别为 0.83 和 0.69（表 11.2），表明构型整体解释力强，可信度高。研究发现了 5 个获取高突破性创新的构型，即 T_{a_1}、T_{a_2}、T_{b_1}、T_{b_2} 和 T_{b_3}，证明了构型视角下多要素联动所形成的"殊途同归"效应。这 5 个构型可以归纳为以下两类构型。

表 11.2 突破式创新构型

前因变量	T_a		T_b		
	T_{a_1}	T_{a_2}	T_{b_1}	T_{b_2}	T_{b_3}
知识网络嵌入（ZSQR）	⊗	·	●	●	●
探索惯例（TSGL）	⊗		·	⊗	·
利用惯例（LYGL）	⊗		⊗	·	·
知识搜索（ZSSS）	●			·	
知识共享（ZSGX）	·	⊗			⊗
知识创造（ZSCZ）	●	●	·		·
一致性	0.91	0.94	0.93	0.91	0.95
原始覆盖度	0.36	0.31	0.44	0.50	0.42
唯一覆盖度	0.01	0.01	0.01	0.04	0.02
解的覆盖度			0.69		
解的一致性			0.83		

注：●代表核心因果条件存在；·代表辅助因果条件存在；⊗代表辅助因果条件缺席，"空白"表示该条件可以存在也可以不存在

类型1：强调知识资源策略，即 T_a 构型。在此类构型中，知识搜索和知识创造作为核心因果条件存在。在 T_{a_1} 构型中，知识网络嵌入和组织惯例作为辅助因果条件缺失，此时企业主要依靠知识资源管理能力来实现突破性创新。具体来说，在相对封闭的环境中，高突破性创新需要企业知识管理能力的支持，包括知识搜索和知识创造能力，企业还应重视知识共享能力的培养，在这些能力的共同支持下，企业突破性创新主要表现为自主创新能力的突破性提升；与 T_{a_1} 构型相比，T_{a_2} 构型表明企业嵌入外部知识网络中，高突破性创新主要依靠企业对外部知识的搜索和企业自身的知识创造能力，但知识共享在 T_{a_2} 构型中作为辅助因果条件缺失，因而覆盖率比 T_{a_1} 构型低。

类型2：强调知识网络嵌入下网络治理机制与知识策略的协同作用，即 T_b 构型。从构型的覆盖率来看，这组构型覆盖率都比 T_a 构型覆盖率高，较符合网络化创新的时代背景。具体来说，在网络嵌入条件下，T_{b_1} 的利用惯例作为辅助因果条件缺失，此时企业主要依靠探索惯例和知识创造来获得高突破性创新。这与成泷等（2018）的研究结论相符，即探索惯例模式促进企业持续创造新知识，从而有利于突破性创新；T_{b_2} 的探索惯例作为辅助因果条件缺失，此时企业主要依靠利用惯例和知识搜索获得高突破性创新。在利用惯例模式下，企业基于共同的合作规范努力获取知识资源，因此更强调知识搜索能力，这种构型更符合大多数企业的实际情况，因此覆盖率比 T_{b_1} 和 T_{b_3} 都高；T_{b_3} 构型中，知识共享作为辅助因果条件缺失，企业依靠探索惯例和利用惯例加强企业之间的知识搜索，企业还通过知识创造能力来实现突破性创新。正如 Laursen 和 Salter（2006）的研究，组织惯例正是通过影响组织间的知识活动来影响企业开展创新活动的。

11.3.3 高渐进性创新的构型

通过对171家企业的数据采用 fsQCA3.0 计算得到的高渐进性创新的构型，结果显示总体一致性和覆盖率分别为0.83和0.77（表11.3），表明构型整体解释力强，可信度高。研究发现了5个获取高渐进性创新的构型，即 J_{a_1}、J_{a_2}、J_{b_1}、J_{b_2} 和 J_{b_3}，这5个构型也可以归纳为两类构型。

表 11.3　渐进性创新构型

前因变量	J_a		J_b		
	J_{a_1}	J_{a_2}	J_{b_1}	J_{b_2}	J_{b_3}
知识网络嵌入（ZSQR）	⊗	·	●	●	●
探索惯例（TSGL）	⊗		⊗	·	·

续表

前因变量	J_a		J_b		
	J_{a_1}	J_{a_2}	J_{b_1}	J_{b_2}	J_{b_3}
利用惯例（LYGL）	⊗	·	·	⊗	·
知识搜索（ZSSS）	●	●		·	·
知识共享（ZSGX）	●	●	·		·
知识创造（ZSCZ）	·	⊗			⊗
一致性	0.88	0.90	0.88	0.91	0.92
原始覆盖度	0.35	0.37	0.44	0.48	0.46
唯一覆盖度	0.01	0.03	0.02	0.04	0.02
解的覆盖度			0.77		
解的一致性			0.83		

注：●代表核心因果条件存在；·代表辅助因果条件存在；⊗代表核心因果条件缺席；⊗代表辅助因果条件缺席；"空白"表示该条件可以存在也可以不存在

类型1：强调知识资源管理策略，即 J_a 构型。在此构型中，知识搜索和知识共享作为核心因果条件存在，根据知识网络嵌入和知识创造是否存在，将 J_a 构型分为两个构型。在 J_{a_1} 构型中，知识网络嵌入作为辅助因果条件缺失，此时企业主要依靠知识搜索、知识共享及知识创造实现高渐进性创新；与 J_{a_1} 构型相比，J_{a_2} 构型中企业嵌入外部知识网络，高渐进性创新主要依靠外部知识搜索和知识共享。

类型2：强调知识网络嵌入，即 J_b 构型。此类构型也包括3个构型。具体来说，在嵌入外部知识网络的环境下，J_{b_1} 的探索惯例作为核心因果条件缺失，此时企业主要依靠利用惯例和知识共享获取高渐进性创新；J_{b_2} 的利用惯例作为核心因果条件缺失，此时企业主要依靠探索惯例和知识搜索来获取高渐进性创新；在 J_{b_3} 构型中，知识创造作为核心因果条件缺失，企业依靠探索惯例和利用惯例加强企业之间的知识搜索与知识共享来实现高渐进性创新。

进一步对比突破性创新和渐进性创新的构型，发现如下结论：第一，知识网络嵌入在双元性创新的构型中均可能作为核心必要条件存在（T_{b_1}、T_{b_2}、T_{b_3}、J_{b_1}、J_{b_2} 和 J_{b_3}），这验证了大多数学者的研究结论，即企业创新受到网络嵌入性的影响。第二，知识搜索能力在双元性创新的构型中至关重要，如在缺乏网络嵌入的条件下，知识搜索以核心必要条件存在（T_{a_1}、T_{a_2}、J_{a_1} 和 J_{a_2}），而在网络嵌入作为核心必要条件存在时，知识搜索也以辅助条件存在（T_{b_2}、T_{b_3}、J_{b_2} 和 J_{b_3}）。第三，知识共享在突破性创新的构型中仅作为辅助必要条件，同样地，知识创造在渐进性创新的构型中也仅作为辅助必要条件，这说明了知识共享和知识创造在两种创新中的重要程度不同。第四，在突破性创新构型中，当仅存在探索惯例时，知识创造相比知识共享更重要；在渐进性创新构型中，当仅存在利用惯例时，知识共享相比知识创造更重要。以上这两个结论证实了蔡猷花等（2017）的发现，即利用惯例和知识共享有助于渐进性创新，探索惯例和知识创造促进突破性创新。

11.3.4 稳健性检验

以定性比较分析方法开展研究时，稳健性检验通常采用以下方法：更换校准数据的定性锚点、调整案例的频数及提高一致性阈值等（张明等，2019）。本章调整案例频数为4，一致性阈值为0.81，重新进行标准程序分析后发现影响企业创新绩效的路径组合与未改变案例频数和一致性阈值前的结果完全一致，各构型及整体解的一致性值和覆盖率值均无明显变动，因此研究结论具有稳健性。

企业双元创新是多重因素共同作用的结果，多种因素之间的互动能够形成不同的路径，这一发现是从整体视角解释企业双元创新的一种新的尝试，也是对基于单个因素视角研究企业双元创新影响机制的补充，研究结论对企业和政府部门具有以下实践启示：对企业而言，要获得高创新绩效必须加强知识资源管理能力。知识搜索有利于企业掌握市场环境动态、发现创新机会，在双元性创新的大多数构型中都以核心条件或者辅助条件存在；知识共享能够促进企业间知识资源的流动，有利于各方对已有知识的深度整合与运用，对促进渐进性创新具有重要意义；知识创造是对原有知识的价值增值，为企业提供新的想法和创意，有利于突破性创新。因此，为了能够在创新竞争中立于不败之地，企业首先要加强培养知识搜索能力，努力缩短与竞争企业的知识差距；其次，企业应当根据创新策略培养相应的知识创造或者知识共享能力，当追求高突破性创新时，企业应创造条件培养知识创造能力，如果企业追求高渐进性创新，则应创造条件加强员工之间、部门之间甚至企业之间的知识共享能力；最后，在网络化创新环境下，企业应当契合网络治理环境加强相应知识策略的匹配，从而实现不同的创新。在以探索惯例为主的网络治理环境下，企业加强知识创造能力的培养有助于突破性创新；在以利用惯例为主的网络治理环境下，企业加强知识共享能力的培养有助于渐进性创新。

在组织关系日益密切的时代，知识网络成为企业增强创新实力的重要平台，企业嵌入知识网络既有利于搜索和共享多样化的知识，也有利于激发知识创造能力，从而为开展双元创新提供基础保障。因此，对政府部门而言，应加强宏观指导和政策扶持，引导本区域企业创建良好的知识网络平台。另外，由于探索惯例与利用惯例调节了知识网络与知识资源管理之间的关系，故科技管理部门应从微观视角出发鼓励网络组织充分发挥组织惯例的调节作用。

参 考 文 献

蔡彬清,陈国宏. 2013. 链式产业集群网络关系、组织学习与创新绩效研究[J]. 研究与发展管理,25（4）:126-133.

蔡猷花,黄娟,王丽丽. 2017. 产学研网络惯例、知识协同与创新绩效的关系[J]. 技术经济,36(6):40-45.

蔡猷花,田宇,成全. 2021. 创新网络嵌入视角下企业研发竞争的博弈研究[J]. 中国管理科学,29（1）:178-184.

陈培祯,曾德明. 2019. 网络位置、知识基础对企业新产品开发绩效的影响[J]. 管理评论,31(11):128-138.

陈爽英,杨晨秀,邵云飞. 2016. 组织冗余与企业研发投资强度的非线性关系研究——基于中国上市公司面板数据的实证[J]. 研究与发展管理,28（5）:55-62.

陈钰芬,陈劲. 2008. 开放度对企业技术创新绩效的影响[J]. 科学学研究,（2）:419-426.

陈祖胜,叶江峰,林明,等. 2018. 联盟企业的网络位置差异、行业环境与网络位置跃迁[J]. 管理科学,31（2）:96-104.

成泷,党兴华,蔡俊亚. 2018. 组织耦合、网络惯例对突破式创新的影响研究[J]. 软科学,32(3):47-50.

程华,张志英. 2020. 政府补贴对纺织企业研发投入的影响[J]. 研究与发展管理,32（1）:38-49.

崔芳,孙笑明,熊旺,等. 2017. 关键研发者自我中心网络变化对企业创新绩效的影响:以整体网络为中介变量[J]. 科技进步与对策,34（17）:80-90.

戴小勇,成力为. 2015. 金融发展对企业融资约束与研发投资的影响机理[J]. 研究与发展管理,27（3）:25-33.

党兴华,郑登攀. 2011. 对《创新网络17年研究文献述评》的进一步述评——技术创新网络的定义、形成与分类[J]. 研究与发展管理,23（3）:9-15.

董保宝. 2013. 高科技新创企业网络中心度、战略隔绝与竞争优势关系研究[J]. 管理学报,10（10）:1478-1484.

董佳敏,刘人境,严杰,等. 2021. 知识分享意愿和隐性知识对组织学习绩效的交互影响[J]. 管理评论,33（2）:153-163.

杜运周, 贾良定. 2017. 组态视角与定性比较分析（QCA）：管理学研究的一条新道路[J]. 管理世界, （6）：155-167.

段庆锋. 2019. 社会资本对专利合作二元关系的影响：吸收能力、保护强度的调节效应[J]. 科技进步与对策, 36（5）：11-17.

范建红, 陈怀超. 2015. 董事会社会资本对企业研发投入的影响研究——董事会权力的调节效应[J]. 研究与发展管理, 27（5）：22-33.

方海燕, 达庆利. 2009. 基于差异产品的政府最优R&D补贴策略研究[J]. 中国管理科学, 17（3）：166-172.

高俊光, 陈劲, 孙雪薇. 2019. 创新开放度对新创小企业创新绩效影响研究[J]. 科学学研究, 37（4）：729-738.

高霞, 陈凯华. 2016. 基于SIPO专利的产学研合作模式及其合作网络结构演化研究——以ICT产业为例[J]. 科学学与科学技术管理, 37（11）：34-43.

顾群, 王文文, 李敏. 2020. 经济政策不确定性、机构投资者持股和企业研发投入——基于研发异质性视角[J]. 软科学, 34（2）：21-27.

顾新, 吴绍波, 全力. 2011. 知识链组织之间的冲突与冲突管理研究[M]. 成都：四川大学出版社.

郭建杰, 谢富纪, 王海花, 等. 2019. 产学协同中自我中心网络动态性、区域间合作网络对企业创新的影响研究[J]. 管理学报, 16（7）：1026-1034.

郭元源, 贺易宁, 邓晓慧. 2019. 基于QCA方法的创新资源诅咒治理模式研究[J]. 科研管理, 40（4）：83-91.

郭玥. 2018. 政府创新补助的信号传递机制与企业创新[J]. 中国工业经济, （9）：98-116.

韩洁, 田高良, 李留闯. 2015. 连锁董事与社会责任报告披露：基于组织间模仿视角[J]. 管理科学, 28（1）：18-31.

胡海青, 张宝建, 张道宏. 2011. 网络能力、网络位置与创业绩效[J]. 管理工程学报, 25（4）：67-74.

黄东卫, 付玉霞, 于沈新. 2015. 同质企业研发竞争行为的动力学性态分析[J]. 天津工业大学学报, 34（3）：73-79.

黄中伟, 王宇露. 2008. 位置嵌入、社会资本与海外子公司的东道国网络学习——基于123家跨国公司在华子公司的实证[J]. 中国工业经济, （12）：144-154.

贾慧英, 王宗军, 曹祖毅. 2018. 研发投入跳跃与组织绩效：环境动态性和吸收能力的调节效应[J]. 南开管理评论, 120（3）：132-143.

江志鹏, 樊霞, 朱桂龙, 等. 2018. 技术势差对企业技术能力影响的长短期效应——基于企业产学研联合专利的实证研究[J]. 科学学研究, 36（1）：131-139.

姜付秀, 王运通, 田园, 等. 2017. 多个大股东与企业融资约束——基于文本分析的经验证据[J]. 管理世界, （12）：61-74.

姜劲, 孙延明. 2012. 社会资本、组织学习与企业升级的关系研究——基于珠三角代工企业的实证分析[J]. 管理学报，9（8）：1162-1169.

蒋天颖，丛海彬，王峥燕，等. 2014. 集群企业网络嵌入对技术创新的影响——基于知识的视角[J]. 科研管理，35（11）：26-34.

蒋维平，王琦琦，黄文龙. 2017. 技术创新联盟网络对企业创新绩效的影响机理——企业如何借助联盟能力提升绩效？[J]. 科技管理研究，37（7）：123-129.

蒋振宇，王宗军，潘文砚. 2019. 开放度对创新能力作用的新路径：一个有调节的中介模型[J]. 管理评论，31（10）：85-98.

焦豪. 2011. 双元型组织竞争优势的构建路径：基于动态能力理论的实证研究[J]. 管理世界，（11）：76-91，188.

柯东昌，李连华. 2020. 管理者权力与企业研发投入强度：法律环境的抑制效应[J]. 科研管理，41（1）：244-254.

李丹蒙，孙淑伟，颜恩点. 2019. 创业板公司公开上市对研发投入的影响分析[J]. 管理评论，31（11）：115-128.

李国强，孙遇春，胡文安，等. 2019. 企业网络能力对双元创新的影响机制——企业间网络位置跃迁视角[J]. 科技进步与对策，36（13）：81-88.

李健，陈传明，孙俊华. 2013. 制造业企业组织冗余、产权性质与企业绩效——基于中国上市公司面板数据的实证研究[J]. 南大商学评论，10（2）：43-61.

李健，薛辉蓉，潘镇. 2016. 制造业企业产品市场竞争、组织冗余与技术创新[J]. 中国经济问题，（2）：112-125.

李敏，刘晨韵，程杨，等. 2017. 网络位置与高新技术企业创新绩效——以江西省为例[J]. 华东经济管理，31（8）：25-33.

李培楠，赵兰香，万劲波，等. 2019. 研发投入对企业基础研究和产业发展的阶段影响[J]. 科学学研究，37（1）：36-44.

李平，刘利利. 2017. 政府研发资助、企业研发投入与中国创新效率[J]. 科研管理，38（1）：21-29.

李晓翔，陈邦峰，霍国庆. 2013. 组织冗余如何影响中小企业产品创新？离心力和向心力的中介作用研究[J]. 研究与发展管理，25（6）：16-26，71.

李晓翔，刘春林. 2011. 突发事件情境下冗余资源与公司绩效的关系研究——以汶川地震为例[J]. 财经研究，37（2）：124-134.

李昕，杨皎平. 2020. 联盟选择如何影响企业创新绩效——结构洞的中介作用[J]. 科技进步与对策，37（15）：80-88.

李永周，高楠鑫，易倩，等. 2018. 创新网络嵌入与高技术企业研发人员创新绩效关系研究[J]. 管理科学，31（2）：3-19.

李正卫，黄益，潘晓霞，等. 2014. 中国企业研发国际化影响因素研究——计算机、通信及其他电子设备制造业上市公司实证分析[J]. 科技进步与对策，31（21）：70-75.

李志强，李政，王建秀. 2017. 创新网络内企业合作博弈研究——知识共享的角度[J]. 科技管理研究, 37（13）: 16-23.

李志远, 王雪方. 2015. 组织学习与客户知识管理能力的关系研究——关系嵌入的调节[J]. 科学学与科学技术管理, 36（3）: 152-162.

连军. 2013. 组织冗余、政治联系与民营企业R&D投资[J]. 科学学与科学技术管理, 34（1）: 3-11.

林乐, 谢德仁. 2017. 分析师荐股更新利用管理层语调吗？——基于业绩说明会的文本分析[J]. 管理世界,（11）: 125-145, 188.

刘凤朝, 马荣康, 姜楠. 2011. 基于"985高校"的产学研专利合作网络演化路径研究[J]. 中国软科学,（7）: 178-192.

刘国巍. 2015. 产学研合作创新网络时空演化模型及实证研究——基于广西2000-2013年的专利数据分析[J]. 科学学与科学技术管理, 36（4）: 64-74.

刘军. 2009. 整体网分析讲义：UCINET软件实用指南[M]. 上海：上海人民出版社.

刘俊婉, 郑晓敏, 王菲菲, 等. 2016. 基于节点进退的中科院院士合作网络演化研究——以信息技术科学部为例[J]. 情报杂志, 35（12）: 162-168.

刘兰剑. 2012. 网络嵌入性与技术创新间关系实证研究[J]. 工业技术经济, 31（7）: 139-147.

刘兰剑, 司春林. 2009. 创新网络17年研究文献述评[J]. 研究与发展管理, 21（4）: 68-77.

刘兰剑, 项丽琳. 2019. 创新网络研究的演化规律及热点领域可视化分析[J]. 研究与发展管理, 31（3）: 145-158.

刘娜, 武宪云, 毛荐其. 2019. 发明者自我网络动态对知识搜索的影响[J]. 科学学研究, 37（4）: 689-700.

刘晓燕, 阮平南, 童彤. 2013. 专利合作网络知识扩散影响因素分析——以集成电路产业为例[J]. 中国科技论坛, 1（5）: 125-130, 148.

刘学元, 丁雯婧, 赵先德. 2016. 企业创新网络中关系强度、吸收能力与创新绩效的关系研究[J]. 南开管理评论, 19（1）: 30-42.

刘芸, 顾新, 王涛. 2019. 企业创新网络声誉治理研究综述[J]. 科技进步与对策, 36（3）: 154-160.

刘志迎, 李芹芹. 2012. 产业链上下游链合创新联盟的博弈分析[J]. 科学学与科学技术管理, 33（6）: 36-41.

刘志迎, 沈磊, 韦周雪. 2018. 企业开放式创新动力源的实证研究[J]. 科学学研究, 36（4）: 732-744.

刘中燕, 周泽将. 2020. 技术独立董事与企业研发投入[J]. 科研管理, 41（6）: 237-245.

罗家德. 2010. 社会网分析讲义[M]. 2版. 北京：社会科学文献出版社.

吕巍, 张书恺. 2015. 高管薪酬差距对企业研发强度的影响——基于锦标赛理论的视角[J]. 软科学, 29（1）: 1-5, 10.

马玎, 禹献云, 张雅蕊. 2018. 网络地位、结构洞与探索式创新——来自九大低碳产业研发网络的经验证据[J]. 科技管理研究, 38（21）: 18-28.

马连福, 张琦, 王丽丽. 2016. 董事会网络位置与企业技术创新投入——基于技术密集型上市公司的研究[J]. 科学学与科学技术管理, 37（4）: 126-136.

梅胜军, 何艺娟, 徐家瑾, 等. 2018. 高管注意力配置对企业创新和财务绩效的影响机制研究[J]. 经营与管理,（2）: 59-64.

潘小军, 陈宏民, 胥莉. 2008. 基于网络外部性的固定与比例抽成技术许可[J]. 管理科学学报, 11（6）: 11-17.

彭伟, 符正平. 2012. 联盟网络对企业创新绩效的影响——基于珠三角企业的实证研究[J]. 科学学与科学技术管理, 33（3）: 108-115.

彭伟, 符正平. 2013. 基于社会网络视角的多边联盟研究与概念框架构建[J]. 外国经济与管理, 35（5）: 60-71.

綦勇, 李思晗, 石俊国. 2017. 纵向关系网络中结构洞对企业创新投入与产出的影响[J]. 科学学与科学技术管理, 38（7）: 53-61.

钱水土, 张宇. 2017. 科技金融发展对企业研发投入的影响研究[J]. 科学学研究, 35（9）: 1320-1325.

钱锡红, 杨永福, 徐万里. 2010. 企业网络位置、吸收能力与创新绩效———个交互效应模型[J]. 管理世界,（5）: 118-129.

任方军. 2010. 基于古诺博弈的双寡头研发投入动态竞争模型及其均衡[J]. 科技管理研究, 30（9）: 124-126.

任利成, 吴翠花, 万威武. 2007. 基于联盟网络的知识创造与服务创新互动关系研究[J]. 科学学与科学技术管理, 28（8）: 54-58.

任胜钢. 2010. 企业网络能力结构的测评及其对企业创新绩效的影响机制研究[J]. 南开管理评论, 13（1）: 69-80.

任卓明. 2013. 复杂网络中的节点重要性度量研究[D]. 上海理工大学硕士学位论文.

邵强, 耿红悦. 2017. 基于社会网络分析的石油企业协同创新网络研究——以 BE 石油企业为例. 科技管理研究, 37（7）: 136-143.

盛亚, 范栋梁. 2009. 结构洞分类理论及其在创新网络中的应用[J]. 科学学研究, 27（9）: 1407-1411.

施宏伟, 康新兰. 2016. 基于创新网络结构的中心度界定与节点创新模型[J]. 科技管理研究, 36（10）: 1-5, 12.

史金艳, 杨健亨, 李延喜, 等. 2019. 牵一发而动全身: 供应网络位置、经营风险与公司绩效[J]. 中国工业经济,（9）: 136-154.

水会莉, 韩庆兰. 2016. 融资约束、税收激励与企业研发投入——来自中国制造业上市公司的证据[J]. 科技管理研究, 36（7）: 30-36.

宋晶, 孙永磊. 2016. 合作创新网络能力的形成机理研究——影响因素探索和实证分析[J]. 管理评论, 28（3）: 67-75.

宋锟泰, 张正堂, 赵李晶. 2019. 时间压力对员工双元创新行为的影响机制[J]. 经济管理, 41（5）:

72-88.

宋力, 张豪. 2015. 机构投资者网络位置对企业研发投入影响研究[J]. 沈阳工业大学学报（社会科学版）, 8（6）: 530-534.

宋之杰, 孙其龙. 2009. 技术创新型企业研发投资的三阶段博弈——基于吸收能力的观点[J]. 管理工程学报, 23（1）: 112-138.

苏道明, 吴宗法, 刘臣. 2017. 外部知识搜索及其二元效应对创新绩效的影响[J]. 科学学与科学技术管理, 38（8）: 109-121.

苏昕, 刘昊龙. 2018. 多元化经营对研发投入的影响机制研究——基于组织冗余的中介作用[J]. 科研管理, 39（1）: 126-134.

孙晓华, 郭旭, 王昀. 2017. 政府补贴、所有权性质与企业研发决策[J]. 管理科学学报, 20（6）: 22-35.

孙笑明, 崔文田, 王乐. 2014. 结构洞与企业创新绩效的关系研究综述[J]. 科学学与科学技术管理, 35（11）: 142-152.

孙永磊, 陈劲, 宋晶. 2015. 文化情境差异下双元惯例的作用研究[J]. 科学学研究, 33（9）: 1424-1431.

孙瑜辰. 2018. 近朱者赤——论绩效反馈与企业创新投入的"同伴效应"[J]. 商业经济研究, （14）: 117-119.

唐曼萍, 李后建. 2019. 企业规模、最低工资与研发投入[J]. 研究与发展管理, 31（1）: 44-55.

陶秋燕, 李锐, 王永贵. 2016. 创新网络特征要素配置、环境动荡性与创新绩效关系研究——来自QCA的实证分析[J]. 科技进步与对策, 33（18）: 19-27.

汪海霞, 王新. 2019. 政府补贴与企业研发投入——所有制和政治关联的联合调节效应[J]. 会计之友, （14）: 45-51.

汪勇杰, 陈通, 邓斌超. 2017. 政府补贴机制下研发外包的演化博弈分析[J]. 管理工程学报, 31（2）: 137-142.

王冰, 修志龙, 唐焕文. 2005. 基于复杂网络理论的代谢网络结构研究进展[J]. 中国生物工程杂志,（6）: 10-14.

王海花, 王蒙怡, 孙银建. 2019. 社会网络视角下跨区域产学协同创新绩效的影响因素研究[J]. 科技管理研究, 39（3）: 26-33.

王海军, 邹日崧, 温兴琦. 2017. 组织学习与模块化嵌入的产学研合作联盟研究——来自家电产业的多案例实证[J]. 科技进步与对策, 34（24）: 55-63.

王建, 胡珑瑛, 马涛. 2015. 吸收能力、开放度与创新平衡模式的选择——基于上市公司的实证研究[J]. 科学学研究, 33（2）: 304-312.

王菁. 2019. 期望绩效反馈、政企关系与公司研发投资关系研究[J]. 经济与管理, 33（1）: 63-68.

王娟茹, 罗岭. 2015. 知识共享行为、创新和复杂产品研发绩效[J]. 科研管理, 36（6）: 37-45.

王丽丽, 陈国宏. 2016. 供应链式产业集群技术创新博弈分析[J]. 中国管理科学, 24（1）: 151-158.

王丽平，何亚蓉. 2016. 互补性资源交互能力与合作创新绩效[J]. 科学学研究，1（34）：132-142.

王琳，陈志军. 2020. 价值共创如何影响创新型企业的即兴能力？——基于资源依赖理论的案例研究[J]. 管理世界，36（11）：96-110，131，111.

王朋飞，李守伟，林琳霖，等. 2013. 产学研合作网络复杂性分析——以镇江市为例[J]. 复杂系统与复杂性科学，10（1）：60-67.

王珊珊，邓守萍，Cooper S Y，等. 2018. 华为公司专利产学研合作：特征、网络演化及其启示[J]. 科学学研究，36（4）：701-713.

魏江，徐蕾. 2014. 知识网络双重嵌入、知识整合与集群企业创新能力[J]. 管理科学学报，17（2）：34-48.

吴建祖，曾宪聚，赵迎. 2016. 高层管理团队注意力与企业创新战略——两职合一和组织冗余的调节作用[J]. 科学学与科学技术管理，37（5）：170-180.

吴晓波，彭新敏，丁树全. 2008. 我国企业外部知识源搜索策略的影响因素[J]. 科学学研究，26（2）：364-372.

伍虹儒. 2020. 政府R&D支持、企业创新资金对其创新效率影响的实证研究[J]. 技术与创新管理，41（2）：119-126.

习近平. 2017. 决胜全面建成小康社会　夺取新时代中国特色社会主义伟大胜利[M]. 北京：人民出版社.

夏清华，黄剑. 2019. 市场竞争、政府资源配置方式与企业创新投入——中国高新技术企业的证据[J]. 经济管理，41（8）：5-20.

谢宗杰. 2015. 知识异质性特征、研发投资策略与创新联盟稳定性[J]. 外国经济与管理，37（8）：65-77.

解维敏. 2019. 混合所有制与国有企业研发投入研究[J]. 系统工程理论与实践，39（4）：1067-1078.

解维敏，魏化倩. 2016. 市场竞争、组织冗余与企业研发投入[J]. 中国软科学，（8）：102-111.

熊和平，杨伊君，周靓. 2016. 政府补助对不同生命周期企业R&D的影响[J]. 科学学与科学技术管理，37（9）：3-15.

熊捷，孙道银. 2017. 企业社会资本、技术知识获取与产品创新绩效关系研究[J]. 管理评论，29（5）：23-39.

熊麟，冯婷婷，鲁若愚. 2013. 基于竞赛模型的研发联盟资本投入博弈分析[J]. 技术经济，32（6）：21-25，137.

徐建中，徐莹莹. 2015. 企业协同能力、网络位置与技术创新绩效——基于环渤海地区制造业企业的实证分析[J]. 管理评论，27（1）：114-125.

徐勇，邱兵. 2011. 网络位置与吸收能力对企业绩效的影响研究[J]. 中山大学学报（社会科学版），51（3）：199-208.

许春. 2016. 中国企业非相关多元化与创新投入关系研究[J]. 科研管理，37（7）：62-70.

严若森，华小丽，钱晶晶. 2018. 组织冗余及产权性质调节作用下连锁董事网络对企业创新投入的影响研究[J]. 管理学报，15（2）：217-229.

严若森，钱晶晶. 2016. 董事会资本、CEO 股权激励与企业 R&D 投入——基于中国 A 股高科技电子行业上市公司的经验证据[J]. 经济管理，38（7）：60-70.

严子淳，薛有志. 2015. 董事会社会资本、公司领导权结构对企业 R&D 投入程度的影响研究[J]. 管理学报，12（4）：509-516.

杨东，朱旭. 2018. 考虑政府补贴时环保研发联盟中企业的研发投入决策研究[J]. 工业技术经济，37（5）：153-160.

姚艳虹，陈俊辉，周惠平. 2017. 企业网络位置、开放度对创新绩效的影响——组织记忆的中介作用[J]. 科技管理研究，37（8）：185，192.

殷俊杰. 2018. 企业联盟组合管理能力对合作创新绩效的影响机制研究[D]. 电子科技大学博士学位论文.

游达明，孙洁. 2008. 企业开放式集成创新能力的评价方法[J]. 统计与决策，（22）：179-181.

于明洁，郭鹏，张果. 2013. 区域创新网络结构对区域创新效率的影响研究[J]. 科学学与科学技术管理，34（8）：56-63.

袁剑锋，许治，翟铖. 2017. 中国产学研合作网络权重结构特征及演化研究[J]. 科学学与科学技术管理，38（2）：115-126.

岳圣元，张瀚予，唐家龙. 2019. 财务结构对研发投入的影响机制——来自生物医药上市企业的证据[J]. 理论与现代化，（6）：103-113.

曾德明，刘珊珊，李健. 2014. 企业研发国际化及网络位置对创新绩效影响研究——基于中国汽车产业上市公司的分析[J]. 软科学，28（12）：1-5.

曾德明，文金艳，禹献云. 2012. 技术创新网络结构与创新类型配适对企业创新绩效的影响[J]. 软科学，26（5）：1-4，9.

翟淑萍，毕晓方. 2016. 高管持股、政府资助与高新技术企业研发投资——兼议股权结构的治理效应[J]. 科学学研究，34（9）：1371-1380.

张德茗，李艳. 2011. 科技型中小企业潜在知识吸收能力和实现知识吸收能力与企业创新绩效的关系研究[J]. 研究与发展管理，23（3）：56-67.

张峰. 2012. 开放式创新实证研究述评与未来展望[J]. 外国经济与管理，34（5）：52-58，81.

张汉江，陈声益，李敏. 2008. 双头垄断市场中新技术研发投资的不完全信息博弈分析[J]. 研究与发展管理，（2）：86-90.

张红娟，谭劲松. 2014. 联盟网络与企业创新绩效：跨层次分析[J]. 管理世界，（3）：163-169.

张华，张向前. 2014. 个体是如何占据结构洞位置的：嵌入在网络结构和内容中的约束与激励[J]. 管理评论，26（5）：89-98.

张建宇. 2014. 企业探索性创新与开发性创新的资源基础及其匹配性研究[J]. 管理评论，26（11）：88-98.

张利飞，王杰. 2017. 企业技术多元化及网络位置对专利池形成的影响[J]. 科学学研究，35（11）：1700-1706，1749.

张明，陈伟宏，蓝海林. 2019. 中国企业"凭什么"完全并购境外高新技术企业——基于94个案例的模糊集定性比较分析（fsQCA）[J]. 中国工业经济，（4）：117-135.

张伟，仲伟俊，梅姝娥. 2016. 伯川德竞争下的混合寡头研发投入[J]. 系统管理学报，25（4）：705-710.

张文红，赵亚普. 2015. 组织冗余与制造企业的服务创新[J]. 研究与发展管理，27（5）：78-87.

张喜征，梁家莉，曹帅，等. 2017. 知识溢出效应下供应链合作创新博弈模型研究[J]. 华东经济管理，31（10）：173-179.

赵凯，王健. 2019. 产品差异与技术差距影响研发溢出的理论探讨——基于企业竞争合作策略视角[J]. 科技进步与对策，36（1）：28-35.

赵炎，刘忠师. 2012. 联盟中企业网络位置与资源位置对创新绩效影响的实证研究——基于中国化学药品行业联盟的分析[J]. 研究与发展管理，24（5）：73-82.

郑向杰. 2014. 联盟创新网络中的企业嵌入：研究述评与未来展望[J]. 科技进步与对策，31（20）：156-160.

周灿，曹贤忠，曾刚. 2019. 中国电子信息产业创新的集群网络模式与演化路径[J]. 地理研究，38（9）：2212-2225.

周杰. 2017. 核心企业联盟能力与多边联盟合作创新：一个研究框架[J]. 科技进步与对策，34（3）：104-109.

周路路，李婷婷，李健. 2017. 高管过度自信与创新可持续性的曲线关系研究[J]. 科学学与科学技术管理，38（7）：105-118.

周亦鹏. 2012. 软件人主题分析和信息检索技术[M]. 北京：北京邮电大学出版社.

朱晨，杨烨. 2018. 本土企业与跨国公司合作研发诱发机制研究[J]. 科研管理，39（10）：61-70.

朱丽，刘军，刘超，等. 2017. 异质性行业连接、网络权力与创新绩效关系研究——基于中国上市公司全网络[J]. 经济管理，39（9）：35-48.

Ahuja G F P, Jr. 2000. Collaboration networks, structural holes, and innovation: a longitudinal study[J]. Administrative Science Quarterly, 45（3）: 425-455.

Ahuja G F P, Jr, Mitchell W. 2009. Structural homophil or social asymmetry? The formation of alliances by poorly embedded firms[J]. Strategic Management Journal, 30（9）: 941-958.

Alonso-Borrego C, Forcadell F J. 2010. Related diversification and R&D intensity dynamics[J]. Research Policy, 39（4）: 537-548.

Amore M D, Schneider C, Žaldokas A. 2013. Credit supply and corporate innovation[J]. Journal of Financial Economics, 109（3）: 835-855.

Arqué-Castells P. 2013. Persistence in R&D performance and its implications for the granting of subsidies[J]. Review of Industrial Organization, 43（3）: 193-220.

Barnes J A. 1954. Class and committees in a Norwegian Island parish[J]. Human Relations, 7 (1): 39-58.

Bathelt H, Malmberg A, Maskell P. 2004. Clusters and knowledge: local buzz, global pipelines and the process of knowledge creation[J]. Progress in Human Geography, 28 (1): 31-56.

Bell G G. 2005. Clusters, networks, and firm innovativeness[J]. Strategic Management Journal, 26 (3): 287-295.

Benner M J, Tushman M L. 2003. Exploitation, exploration, and process management: the productivity dilemma revisited[J]. Academy of Management Review, 28 (2): 238-256.

Benson J K. 1975. The inter organizational network as a political economy[J]. Administrative Science Quarterly, 20 (2): 229-249.

Bertrand-Cloodt D, Hagedoorn J, van Kranenburg H. 2011. The strength of R&D network ties in high-tech sectors: a multi-dimensional analysis of the effects of tie strength on innovation performance[J]. Technology Analysis & Strategic Management, 23 (10): 1015-1030.

Boeing P. 2016. The allocation and effectiveness of China's R&D subsidies—Evidence from listed firms[J]. Research Policy, 45 (9): 1774-1789.

Bourgeois L J. 1981. On the measurement of organizational slack[J]. The Academy of Management Review, 6 (1): 29-39.

Bourgeois L J, Singh J V. 1983. Organizational slack and political behavior among top management teams[J]. Academy of Management Proceedings, (1): 43-47.

Brown J R, Fazzari S M, Petersen B C. 2009. Financing innovation and growth: cash flow, external equity, and the 1990s R&D boom[J]. The Journal of Finance, 64 (1): 151-185.

Burt R S. 1992. Structural Holes: The Social Structure of Competition[M]. Boston: Harvard University Press.

Burt R S, Minor M J. 1983. Applied network analysis: a methodological introduction[J]. Canadian Journal of Sociology / Cahiers Canadiens de Sociologie, 63 (3): 337-350.

Campello M, Giambona E, Graham J R, et al. 2011. Liquidity management and corporate investment during a financial crisis[J]. Review of Financial Studies, 24 (6): 1944-1979.

Carpenter M A, Westphal J D. 2001. The strategic context of external network ties: examining the impact of director appointments on board involvement in strategic decision making[J]. Social Science Electronic Publishing, 44 (4): 639-660.

Casper S. 2007. Creating Silicon Valley in Europe: Public Policy Towards New Technology Industries[M]. Oxford: Oxford University Press.

Cassiman B, Di Guardo M C, Valentini G. 2009. Organizing R&D projects to profit from innovation: insights from co-opetition[J]. Long Range Planning, 42 (2): 216-233.

Chesbrough H, Crowther A K. 2006. Beyond high tech: early adopters of open innovation in other industries[J]. R&D Management, 36 (3): 229-236.

Coleman J S. 1988. Social capital in the creation of human capital[J]. American Journal of Sociology, 94: 95-120.

Cowan R, Jonard N. 2004. Network structure and the diffusion of knowledge[J]. Journal of Economic Dynamics and Control, 28 (8): 1557-1575.

Crossan M M, Lane H W, White R E. 1999. An organizational framework: learning from intuition to institution [J]. Academy of Management Review, 24 (3): 522-537.

Czarnitzki D, Licht G. 2006. Additionality of public R&D[J]. Economics of Transition, 14 (1): 101-131.

Dacin T, Oliver C, Roy C P. 2007. The legitimacy of strategic alliances: an institutional perspective[J]. Strategic Management Journal, 28: 169-187.

Dahlander L, McFarland D A. 2013. Ties that last: tie formation and persistence in research collaborations over time[J]. Sage Publications, 58 (1): 69-110.

Danneels E. 2002. The dynamics of product innovation and firm competences[J]. Strategic Management Journal, 23 (12): 1095-1121.

Debresson C, Amesse F. 1991. Networks of innovators: a review and introduction to the issue[J]. Research Policy, 20 (5): 363-379.

Dhanarag C, Parkhe A. 2006. Orchestrating innovation networks[J]. Academy of Management Review, 31 (3): 659-669.

Duysters G, Heimeriks K H, Lokshin B. 2012. Do firms learn to manage alliance portfolio diversity? The diversity-performance relationship and the moderating effects of experience and capability[J]. European Management Review, 9 (3): 139-152.

Duysters G, Lokshin B. 2011. Determinants of alliance portfolio complexity and its effect on innovative performance of companies[J]. Journal of Product Innovation Management, 28 (4): 570-585.

Dyer J H, Kentaro N. 2000. Creating and managing a high performance knowledge-sharing network: the Toyota case[J]. Strategic Management Journal, 21 (3): 345-367.

Everett M, Borgatti S P. 2005. Ego network betweenness[J]. Social Networks, 27 (1): 31-38.

Fiss P C. 2011. Building better causal theories: a fuzzy set approach to typologies in organization research[J]. Academy of Management Journal, 54: 393-420.

Foss M R. 2011. Why a central network position isn't enough: the role of motivation and ability for knowledge sharing in employee networks[J]. Academy of Management Journal, 54 (6): 1277.

Freeman C. 1991. Networks of innovators: a synthesis of research issues[J]. Research Policy, 20 (5): 499-514.

Freeman L C. 1977. A set of measures of centrality based on betweenness[J]. Sociometry, 40 (1):

35-41.

Freeman L C. 1979. Centrality in social networks conceptual clarification[J]. Social Networks, 1（3）: 215-239.

Gan H. 2018. Does CEO managerial ability matter? Evidence from corporate investment efficiency[J]. Review of Quantitative Finance & Accounting, 52（4）: 1085-1118.

Geletkaycz M A, Hambrick D C. 1997. The external ties of top executives: implications for strategic choice and performance[J]. Administrative Science Quarterly, 42（4）: 654-681.

Gilsing V N B. 2005. Density and strength of ties in innovation networks: an analysis of multimedia and biotechnology[J]. Social Science Electronic Publishing, 2（3）: 179-197.

Gonzalez G R, Claro D P, Palmatier R W. 2014. Synergistic effects of relationship managers's social networks on sales performance[J]. Journal of Marketing, 78（1）: 76-94.

Granovetter M. 1973. The strength of weak ties [J]. American Journal of Sociology, 78（6）: 1360-1380.

Granovetter M. 1985. Economic action and social structure: the problem of embeddedness[J]. American Journal of Sociology, 91（3）: 481-510.

Hansen M T. 1999. The search-transfer problem: the role of weak ties in sharing knowledge across organization subunits[J]. Administrative Science Quarterly, 44（1）: 82-111.

Hansen M T. 2002. Knowledge networks: explaining effective knowledge sharing in multiunit companies[J]. Organization Science, 13（3）: 232-248.

Haunschild P R, Beckman C M. 1998. When do interlocks matter? Alternate sources of information and interlock influence[J]. Administrative Science Quarterly, 43（4）: 815-844.

Heide J B. 1994. Interorganizational governance in marketing channels[J]. The Journal of Marketing, 58（1）: 71-85.

Heimeriks K H, Schijven M, Gstes S. 2012. Manifestations of higher order routines: the underlying mechanisms of deliberate learning in the context of post acquisition integration[J]. Academy of Management Journal, 55（3）: 93-94.

Hofman E, Halman J, Looy B V. 2016. Do design rules facilitate or com-plicate architectural innovation in inn-ovation alliance net-works?[J]. Research Policy, 45（7）: 1436-1448.

Hossain L, Fazio D. 2009. The social networks of collaborative process[J]. The Journal of High Technology Management Research, 20（2）: 119-130.

Huber G P. 1991. Organizational learning: the contributing processes and the literatures[J]. Organization Science, 2（1）: 88-115.

Jansen J J P, van den Bosch F A J, Volberda H W. 2006. Exploratory innovation, exploitative innovation and performance: effects of organizational antecedents and environmental moderators[J]. Management Science, 52（11）: 1661-1674.

Jun X, Jiang M S, Li S, et al. 2014. Practice standardization in cross-border activities of multinational corporations: a resource dependence perspective[J]. Management International Review, 54 (5): 707-734.

Kale P, Singh H, Perlmutter H. 2000. Learning and protection of proprietary assets in strategic alliances: building relational capital[J]. Strategic Management Journal, 21: 217-237.

Konings J. 2001. The effects of foreign direct investment on domestic firms: evidence from firm level panel data in emerging economies[J]. Economics of Transition, 9 (3): 619-633.

Krackhardt D. 1992. Networks and Organizations: Structure, Form and Action[M]. Boston: Harvard Business School Press.

Kuo H C, Wang L H, Yeh L J. 2018. The role of education of directors in influencing firm R&D investment[J]. Asia Pacific Management Review, 23 (2): 108-120.

Lam A, Lambermont-Ford J P. 2010. Knowledge sharing in organizational contexts: a motivation-based perspective[J]. Journal of Knowledge Management, 14 (1): 51-66.

Larson A. 1992. Network dyads in entrepreneurial settings: a study of the governance of exchange relationships[J]. Administrative Science Quarterly, 37 (1): 76-104.

Laursen K, Salter A. 2006. Open for innovation: the role of openness in explaining innovation performance among U.K. manufacturing firms[J]. Strategic Management Journal, 27 (2): 131-150.

Lavie D. 2006. The competitive advantage of interconnected firms: an extension of the resource-based view[J]. Academy of Management Review, 31 (3): 638-658.

Lavie D, Kang J, Rosenkopf L. 2011. Balance within and across domains: the performance implications of exploration and exploitation in alliance[J]. Organization Science, 22 (6): 1517-1538.

Lawson C. 1999. Towards a competence theory of the region[J]. Combridge Journal of Economics, 23 (2): 151-166.

Lee Y, Cavusgil S T. 2006. Enhancing alliance performance: the effects of contractual-based versus relational-based governance[J]. Journal of Business Research, 59 (8): 896-905.

Levinthal C D A. 1990. Absorptive capacity: a new perspective on learning and innovation[J]. Administrative Science Quarterly, 35 (1): 128-152.

Lichtenthaler U. 2011. Open innovation: past research, current debates, and future directions[J]. Academy of Management Perspectives, 25 (1): 75-93.

Liu N, Guan J C. 2015. Dynamic evolution of collaborative networks: evidence from nano-energy research in China[J]. Springer Netherlands, 102 (3): 1895-1919.

Love E G, Nohria N. 2005. Reducing slack: the performance consequences of downsizing by large industrial firms 1977-93[J]. Strategic Management Journal, 26 (12): 1087-1108.

Lynn G S, Reilly R R. 2000. Knowledge management in new product teams: practices and outcomes[J]. IEEE Transactions on Engineering Management, 47 (2): 221-231.

Majchrzak J A. 2014. Knowledge collaboration among professionals protecting national security: role of transactive memories in ego-centered knowledge networks[J]. Organization Science, 19 (2): 260-276.

Makino S, Chan C M, Isobe T, et al. 2007. Intended and unintended termination of international joint ventures[J]. Strategic Management Journal, 28 (11): 1113-1132.

Marlin D, Geiger S W. 2015. The organizational slack and performance relationship: a configurational approach[J]. Management Decision, 53 (10): 2339-2355.

Martin G, Gozübüyük R, Becerra M. 2015. Interlocks and firm performance: the role of uncertainty in the directorate interlock-performance relationship[J]. Strategic Management Journal, 36 (2): 235-253.

Marvel M R, Lumpkin G T. 2007. Technology entrepreneurs' human capital and its effects on innovation radicalness[J]. Entrepreneurship Theory and Practice, 31 (6): 807-828.

Mousa F T, Chowdhury J. 2014. Organizational slack effects on innovation: the moderating roles of CEO tenure and compensation[J]. Journal of Business Economics and Management, 15 (2): 369-383.

Nieto M J, Santamaría L. 2006. The importance of diverse collaborative networks for the novelty of product innovation[J]. Technovation, 27 (6): 367-377.

Noori J, Nasrabadi M B, Yazdi N, et al. 2017. Innovative performance of iranian knowledge-based firms: large firms or SMEs? [J]. Technological Forecasting and Social Change, 122(9): 179-185.

Ocasio W. 2011. Attention to attention[J]. Organization Science, 22 (5): 1286-1296.

Pentland B, Martha S F, Markus C B, et al. 2012. Dynamics of organizational routines: a generative model[J]. Journal of Management Studies, 49 (8): 1484-1508.

Pfeffer J, Salancik G R. 2003. The external control of organizations: a resource dependence perspective[J]. Social Science Electronic Publishing, 23 (2): 123-133.

Porter M E. 1985. Competitive Advantage[M]. New York: The Free Press.

Powell W W, Smith-Doerr K L. 1996. Interorganizational collaboration and the locus of innovation: networks of learning in biotechnology[J]. Administrative Science Quarterly, 41 (1): 116-145.

Powell W W, White D R, Koput K W, et al. 2005. Network dynamics and field evolution: the growth of interorganizational collaboration in the life sciences[J]. American Journal of Sociology, 110 (4): 1132-1206.

Presutti M, Boari C, Majocchi A. 2011. The importance of proximity for the Start-Ups' knowledge acquisition and exploitation[J]. Journal of Small Business Management, 49 (3): 361-389.

Provan K G, Fish A. 2007. Interorganizational networks at the network level: a review of the empirical literature on whole networks[J]. Journal of Management, 33（3）: 479-516.

Ragin C C. 2010. Redisigning social inquiry: fuzzy sets and beyond[J]. Social Forces, 88（4）: 1934-1936.

Rihoux B. 2006. Qualitative comparative analysis (QCA) and related systematic comparative methods—Recent advances and remaining challenges for social science research[J]. International Sociology, 21（5）: 679-706.

Riitta K. 2002. New product search over time: past ideas in their prime?[J]. Academy of Management Journal, 45（5）: 995-1010.

Rosanna G, Roger C. 2002. A critical look at technological innovation typology and innovativeness terminology: a literature review[J]. The Journal of Product Innovation Management, 19（2）: 110-132.

Rowley T, Behrens D, Krackhardt D. 2000. Redundant governance structures: an analysis of structural and relational embeddedness in the steel and semiconductor industries[J]. Strategic Management Journal, 21（3）: 369-386.

Salge T O, Farchi T, Barrett M I, et al. 2013. When does search openness really matter? A contingency study of health-care innovation projects[J]. Journal of Product Innovation Management, 30（4）: 659-676.

Sheng M L, Chien I. 2016. Rethinking organizational learning orientation on radical and incremental innovation in high-tech firms[J]. Journal of Business Research, 69（6）: 2302-2308.

Shipilov A V, Li S X. 2008. Can you have your cake and eat it too? Structural holes' influence on status accumulation and market performance in collaborative networks[J]. Administrative Science Quarterly, 53（1）: 73-108.

Singh J V. 1986. Performance, slack, and risk taking in organizational decision making[J]. Academy of Management Journal, 29（3）: 562-585.

Slater S F, Narver J C. 1995. Market orientation and the learning organization[J]. Journal of Marketing, 59（3）: 63-74.

Smith K G, Collins C J, Clark K D. 2005. Existing knowledge, knowledge creation capability, and the rate of new product introduction in high-technology firms[J]. Academy of Management Journal, 48（2）: 346-357.

Soda G, Usai A, Zaheer A. 2004. Network memory: the influence of past and current networks on performance[J]. The Academy of Management Journal, 47（6）: 893-906.

Subramaniam M, Youndt M A. 2005. The influence of intellectual capital on the type of innovative capabilities [J]. Academy of Management Journal, 48（3）: 450-463.

Tan J, Peng M W. 2003. Organizational slack and firm performance during economic transitions: two studies from an emerging economy[J]. Strategic Management Journal, 24（13）: 1249-1263.

Thomas A B. 1988. Does leadership make a difference to organizational performance?[J]. Administrative Science Quarterly, 33（3）: 388-400.

Tödtlinga F, Lehnera P, Kaufmannb A. 2009. Do different types of innovation rely on specific kinds of knowledge interactions?[J]. Technovation, 29（1）: 59-71.

Tomlinson P R. 2011. Strong ties, substantive embeddedness and innovation: exploring differences in the innovative performance of small and medium-sized firms in UK manufacturing[J]. Knowledge and Process Management, 18（2）: 95-108.

Tortoriello M. 2015. The social underpinnings of absorptive capacity: the moderating effects of structural holes on innovation generation based on external knowledge[J]. Strategic Management Journal, 36（4）: 586-597.

Troilo G, de Luca L M, Atuahene-Gima K. 2014. More innovation with less?A strategic contingency view of slack resources, information search, and radical innovation[J]. Journal of Product Innovation Management, 31（2）: 259-277.

Ugur M, Trushin E, Solomon E. 2016. Inverted-U relationship between R&D intensity and survival: evidence on scale and complementarity effects in UK data[J]. Research Policy, 45（7）: 1474-1492.

Uzzi B. 1997. Social structure and competition in interfirm networks: the paradox of embeddedness[J]. Administrative Science Quarterly, 42（1）: 35-67.

Wasserman S, Faust K. 1994. Social Network Analysis: Methods and Applications[M]. Cambridge: Cambridge University Press.

Watts D J, Strogatz S H. 1998. Collective dynamics of 'small-world' networks[J]. Nature, 393（4）: 440-442.

Williams R G, Lilley M M. 1993. Partner selection for joint-venture agreements[J]. International Journal of Project Management, 11（4）: 233-237.

Yan Y, Guan J C. 2018. Social capital, exploitative and exploratory innovations: the mediating roles of ego-network dynamics[J]. Technological Forecasting and Social Change, 126（1）: 244-258.

Zahra S A, George G. 2002. Absorptive capacity: a review, reconceptualization, and extension[J]. Academy of Management Review, 27（2）: 185-203.

Zollo M, Reuer J J, Singh H. 2002. Inter organizational routines and performance in strategic alliances[J]. Organization Science, 13（6）: 701-713.